TABLE DES MATIÈRES

PRÉFACE

Cher lecteur,

Vous tenez entre vos mains un livre qui est bien plus qu'une simple exploration de l'univers des voitures électriques. C'est une invitation à un voyage dans le temps et dans l'espace, à travers les révolutions technologiques, environnementales et culturelles qui façonnent notre monde. Lorsque j'ai commencé à rédiger ce livre, mon objectif était de dévoiler non seulement l'aspect technique des voitures électriques, mais aussi de plonger dans les histoires humaines, les politiques, et les visions qui les accompagnent.

Dès les premières pages, vous découvrirez les origines humbles mais fascinantes de la voiture électrique, un rêve devenu réalité grâce à l'audace et à la créativité d'innombrables individus. Cette histoire est ponctuée de triomphes et d'échecs, de rebondissements inattendus, reflétant les fluctuations de notre propre société. Vous serez peut-être surpris d'apprendre à quel point les premières étapes de cette aventure technologique sont intimement liées à l'histoire sociale et économique de notre monde.

En progressant dans les chapitres, vous serez immergé dans l'évolution technologique, des batteries aux moteurs, qui rendent ces véhicules non seulement possibles, mais de plus en plus performants et accessibles. L'aspect environnemental, un enjeu crucial de notre époque, est abordé avec une attention particulière aux mythes et aux réalités, soulignant l'importance de la perspective scientifique dans les débats actuels.

Ce livre explore également les implications économiques

et culturelles de cette révolution. Comment les industries traditionnelles s'adaptent-elles ? Quelles sont les nouvelles opportunités et les défis qui émergent ? Comment notre société, nos villes et notre quotidien sont-ils remodelés par l'essor de la voiture électrique ?

Enfin, le futur. Les derniers chapitres vous invitent à réfléchir sur les possibilités et les défis de demain. Loin d'être une prédiction, c'est une exploration des divers chemins que nous pourrions emprunter, une réflexion sur le monde que nous souhaitons construire.

△△△

Ce livre n'est pas simplement une collection d'informations ; c'est une conversation, un échange d'idées, et j'espère, un catalyseur de réflexion et d'action. Alors que vous tournez ces pages, je vous invite à questionner, à contester, et surtout, à imaginer.

Bonne lecture,

Paul Brémond

CHAPITRE 1 : HISTOIRE ET ÉVOLUTION

1.1. LES ORIGINES : DU RÊVE À LA RÉALITÉ

L'histoire des voitures électriques est un fascinant voyage de l'imaginaire à la concrétisation. Au XIXe siècle, bien avant l'avènement de l'automobile à essence, les premières expérimentations sur des véhicules électriques prenaient forme. À cette époque, elles étaient considérées comme des curiosités technologiques plutôt que des moyens de transport viables. Imaginez les premières voitures électriques, assez rudimentaires, parcourant les rues pavées des villes européennes ; elles étaient alors une vision avant-gardiste de la mobilité.

L'avancement de la technologie des batteries au début du XXe siècle a permis une amélioration significative de ces premiers modèles. Des batteries plus efficaces et plus durables ont rendu les voitures électriques plus pratiques pour une utilisation quotidienne. Cependant, avec la montée en puissance des véhicules à essence, moins chers et plus rapides, l'intérêt pour l'électrique a commencé à s'estomper.

Il a fallu attendre le tournant du XXIe siècle pour assister à un regain d'intérêt pour les voitures électriques. Cela a été largement motivé par une prise de conscience croissante des enjeux environnementaux et de la nécessité de réduire la dépendance aux combustibles fossiles. Des entreprises visionnaires, percevant le potentiel d'un marché en pleine mutation, ont commencé à investir dans la recherche et le développement de nouvelles technologies électriques.

Ce renouveau s'est accompagné d'innovations majeures, notamment dans le domaine des batteries lithium-ion, offrant une plus grande autonomie et une recharge plus rapide. Des avancées qui ont transformé l'image de la voiture électrique, la faisant passer d'un choix de niche à une option de plus en plus viable pour le grand public.

En parallèle, les gouvernements ont commencé à reconnaître le rôle crucial des véhicules électriques dans la réduction des émissions de gaz à effet de serre. Des incitations fiscales et des subventions ont été mises en place pour encourager les consommateurs à opter pour l'électrique. Cette dynamique politique a joué un rôle essentiel dans la démocratisation des véhicules électriques.

Ainsi, les origines des voitures électriques dépeignent un parcours semé d'innovations, de récessions et de résurgences. Elles témoignent de la persévérance humaine dans la poursuite d'une mobilité plus propre et plus durable. Et vous, chers lecteurs, ne trouvez-vous pas fascinant de voir comment une idée, autrefois considérée comme un simple rêve, est devenue une réalité incontournable dans notre société actuelle ? Cette métamorphose pose une question intéressante : comment les innovations technologiques ont-elles contribué à façonner l'évolution des voitures électriques ?

1.2. ÉVOLUTION TECHNOLOGIQUE : BATTERIES ET MOTEURS

L'évolution technologique des voitures électriques est principalement marquée par des avancées significatives dans deux domaines clés : les batteries et les moteurs. Ces innovations ont été les catalyseurs transformant les véhicules électriques de concepts novateurs en alternatives viables aux voitures à combustion.

Les batteries, cœur battant de toute voiture électrique, ont connu des progrès remarquables. Initialement, les batteries au plomb-acide, lourdes et peu efficaces, limitaient sérieusement la portée et la performance des véhicules. L'avènement des batteries lithium-ion a révolutionné le secteur. Ces batteries, plus légères, plus denses en énergie et rechargeables, ont considérablement augmenté l'autonomie des véhicules électriques. Elles ont aussi réduit les temps de recharge, rendant les voitures électriques pratiques pour un usage quotidien. Imaginez la différence entre un vieux téléphone portable qui se décharge en quelques heures et un smartphone moderne tenant plusieurs jours : c'est la même révolution qui s'est opérée dans le monde des batteries de voitures électriques.

Quant aux **moteurs électriques,** ils ont également bénéficié d'avancées significatives. Les premiers moteurs étaient encombrants, peu efficaces et coûteux. Avec le temps, ils se sont affinés, gagnant en efficacité et en fiabilité tout en réduisant leur taille et leur coût. La technologie des moteurs sans balais, par exemple, a permis une amélioration de l'efficacité énergétique et une réduction des besoins en entretien. Ces moteurs offrent une réponse rapide et un couple élevé dès le départ, procurant une expérience de conduite dynamique et agréable.

Ces évolutions technologiques n'ont pas seulement amélioré les performances des véhicules électriques ; elles ont également rendu leur production plus économique. En abaissant le coût des composants clés, elles ont contribué à rendre les voitures électriques plus abordables pour le grand public. Cette tendance est comparable à celle observée dans l'informatique, où l'augmentation de la puissance et la réduction des coûts ont rendu les technologies autrefois réservées aux professionnels accessibles à tous.

En outre, ces avancées technologiques ont permis de nouvelles applications et innovations. Par exemple, l'intégration de systèmes de gestion de batterie sophistiqués a permis une meilleure autonomie et une plus grande durabilité, tandis que l'amélioration des moteurs a ouvert la voie à des véhicules plus performants et plus respectueux de l'environnement.

En somme, les progrès réalisés dans les domaines des batteries et des moteurs ont été essentiels pour l'émergence et le succès des voitures électriques. Mais comment ces innovations ont-elles été adoptées et mises en œuvre par les pionniers de l'industrie électrique, tels que Tesla ?

1.3. PIONNIERS DE L'ÉLECTRIQUE : TESLA ET AUTRES INNOVATEURS

Tesla Motors, sous la houlette d'Elon Musk, a joué un rôle déterminant dans la renaissance des voitures électriques. En lançant la Tesla Roadster en 2008, la société a brisé le stéréotype selon lequel les voitures électriques ne pouvaient être ni performantes ni esthétiquement attrayantes. Avec son design élégant et ses performances impressionnantes, la Roadster a démontré que les voitures électriques pouvaient rivaliser avec les voitures de sport à essence traditionnelles. Elle a marqué les esprits comme une Ferrari électrique, révolutionnant l'image des voitures électriques.

Par la suite, Tesla a introduit des modèles plus abordables comme la Model S et la Model 3, prouvant que les voitures électriques pouvaient être accessibles à un public plus large. Ces modèles ont intégré des technologies innovantes comme des batteries à haute densité énergétique et des systèmes de pilotage automatique, positionnant Tesla comme un leader dans le domaine des technologies de pointe pour véhicules électriques.

Mais Tesla n'est pas le seul acteur dans ce domaine. D'autres innovateurs ont également contribué à façonner l'industrie. **Nissan, avec sa Leaf, a été l'un des premiers constructeurs automobiles traditionnels à s'investir pleinement dans l'électrique.** Lancée en 2010, la Leaf a offert une alternative pratique et abordable, ciblant un segment de marché différent de celui de Tesla. Sa contribution à la démocratisation des véhicules électriques est indéniable, en offrant une option accessible pour le quotidien.

Chevrolet, avec la Volt, a également joué un rôle important. Bien qu'il s'agisse d'un véhicule hybride, la Volt a introduit de nombreux conducteurs à l'électrique, agissant comme un "véhicule passerelle" vers une adoption complète de l'électrique. Sa combinaison d'un moteur électrique et d'un moteur à essence a offert aux consommateurs une plus grande flexibilité et a aidé à réduire l'anxiété liée à l'autonomie.

BMW, avec sa gamme i-Series, notamment la i3 et la i8, a exploré l'aspect haut de gamme et le design futuriste des véhicules électriques. En intégrant des matériaux durables et des techniques de production innovantes, BMW a mis l'accent sur la durabilité et l'innovation en matière de design.

Ces pionniers ont non seulement prouvé la viabilité des voitures électriques, mais ont également stimulé la concurrence et l'innovation dans l'industrie automobile. Leur succès a incité d'autres constructeurs traditionnels à entrer sur le marché de l'électrique, enrichissant le paysage avec une diversité de modèles, de technologies et de stratégies.

Ces avancées dans le domaine des voitures électriques, initiées par Tesla et d'autres, ont été fortement influencées par les réglementations et les incitations gouvernementales. Mais comment ces réglementations ont-elles façonné l'industrie et encouragé l'innovation dans ce domaine ?

1.4. RÉGLEMENTATIONS ET INCITATIONS GOUVERNEMENTALES

L'essor des voitures électriques a été fortement influencé par les politiques gouvernementales, qui ont joué un rôle crucial en façonnant l'industrie et en stimulant l'innovation. **Les réglementations et les incitations gouvernementales** ont été mises en place pour surmonter les obstacles initiaux liés à l'adoption de ces véhicules et pour encourager les fabricants à investir dans des technologies plus propres.

Au niveau international, divers pays ont adopté des stratégies différentes pour promouvoir les véhicules électriques. **En Europe, par exemple, des réglementations strictes sur les émissions de CO2** ont été imposées, poussant les constructeurs automobiles à développer des alternatives plus écologiques pour respecter ces normes. De plus, de nombreuses villes européennes ont commencé à limiter ou à interdire l'accès aux véhicules à combustion dans certaines zones, accélérant ainsi le passage à l'électrique.

Aux **États-Unis, le gouvernement fédéral et certains États ont offert des incitations financières** telles que des crédits d'impôt pour l'achat de véhicules électriques, rendant ces derniers financièrement plus attrayants pour les consommateurs. Ces incitations ont eu un effet notable sur la demande, comme le prouve le succès de modèles comme la Tesla Model 3.

En **Chine, le gouvernement a adopté une approche plus directe,** en mettant en place des quotas obligatoires pour la production de véhicules électriques et en offrant des subventions substantielles aux fabricants et aux consommateurs. Cette politique a contribué à faire de la Chine l'un des plus grands marchés de véhicules électriques au monde.

Ces politiques n'ont pas seulement stimulé la demande des consommateurs ; elles ont également encouragé l'innovation dans l'industrie automobile. Confrontés à la nécessité de répondre à ces nouvelles exigences, de nombreux constructeurs traditionnels ont accéléré leur transition vers l'électrique, investissant massivement dans la recherche et le développement de nouvelles technologies.

En parallèle, ces réglementations ont également suscité des défis. **L'infrastructure de recharge,** par exemple, a dû être développée rapidement pour répondre à la demande croissante. De même, les gouvernements ont dû naviguer entre la promotion de l'électrique et le soutien aux industries traditionnelles, comme l'industrie pétrolière et automobile.

En résumé, les réglementations et incitations gouvernementales ont joué un rôle déterminant dans l'essor des voitures électriques, en influençant à la fois la demande du marché et l'innovation technologique. Mais cette intervention gouvernementale a également engendré une nouvelle dynamique de marché, caractérisée par une concurrence accrue et un paysage en constante évolution. Comment cette dynamique a-t-elle influencé l'émergence de la concurrence et la formation du marché naissant des voitures électriques ?

1.5. CONCURRENCE ET MARCHÉ NAISSANT

Avec l'émergence des voitures électriques comme une alternative viable aux véhicules à combustion, un marché naissant s'est formé, caractérisé par une concurrence de plus en plus vive entre les constructeurs traditionnels et les nouveaux entrants. **Cette compétition a engendré une diversification rapide des offres et une innovation constante dans le secteur.**

Les premiers jours de ce marché naissant ont été dominés par des entreprises comme Tesla, pionnière dans le secteur des véhicules électriques haut de gamme. Cependant, l'attrait croissant pour les véhicules électriques a rapidement attiré des constructeurs automobiles traditionnels. Des marques telles que Nissan, Chevrolet, et BMW, mentionnées précédemment, ont commencé à investir massivement dans l'électrique, proposant des modèles qui ciblaient différents segments du marché, de la voiture urbaine compacte à la berline de luxe.

L'entrée de ces acteurs établis a apporté une crédibilité supplémentaire au marché des voitures électriques et a stimulé une concurrence saine, bénéfique pour l'innovation et la diversification des choix pour les consommateurs. Cette situation est comparable à l'arrivée d'un nouveau joueur dans un championnat sportif, poussant les équipes établies à redoubler d'efforts pour maintenir leur position.

Parallèlement, de nouveaux entrants ont continué d'émerger, apportant avec eux des perspectives fraîches et des innovations disruptives. Des startups comme Lucid Motors et Rivian ont introduit des véhicules qui non seulement rivalisent avec Tesla en termes de performance et de luxe, mais proposent également des caractéristiques et des technologies uniques, enrichissant ainsi l'offre globale du marché.

Cette concurrence accrue a eu plusieurs impacts positifs. **Premièrement, elle a conduit à une baisse des prix,** rendant les voitures électriques plus abordables pour un plus grand nombre de consommateurs. Deuxièmement, elle a stimulé l'innovation, avec des entreprises cherchant à se différencier par des caractéristiques uniques, comme une meilleure autonomie, des temps de recharge plus rapides, ou des fonctionnalités avancées de conduite autonome.

Toutefois, ce marché naissant a aussi connu des défis. L'un des principaux a été le développement d'une infrastructure de recharge adéquate pour soutenir la croissance rapide du nombre de véhicules électriques. De plus, les fabricants ont dû faire face à des défis logistiques et de production, notamment en ce qui concerne la disponibilité et le coût des matériaux nécessaires pour les batteries.

*En conclusion, le marché naissant des voitures électriques est un terrain dynamique de compétition et d'innovation, où les acteurs traditionnels et les nouveaux entrants se défient mutuellement pour capturer l'attention des consommateurs. Cette concurrence a entraîné des avancées technologiques rapides et une diversification des options disponibles. Mais avec ces succès, quels ont été les

échecs et les réussites marquants dans ce secteur en pleine expansion ? Cette question nous amène à examiner de plus près les études de cas spécifiques, révélant les leçons apprises et les stratégies gagnantes dans le monde fascinant des voitures électriques.

1.6. ÉCHECS ET RÉUSSITES : ÉTUDES DE CAS

Dans l'histoire des voitures électriques, les échecs et les réussites ont été des jalons importants, offrant des leçons précieuses pour l'industrie. Examiner quelques études de cas spécifiques révèle comment les fabricants ont navigué dans ce paysage en évolution.

Un cas d'échec notable est celui de Fisker Automotive. Fondée en 2007, Fisker a lancé la Karma en 2011, une berline hybride électrique de luxe. Malgré son design séduisant et ses innovations technologiques, l'entreprise a fait face à des problèmes de qualité et de fiabilité, en plus des difficultés financières. Ces problèmes ont culminé dans un rappel coûteux et la faillite en 2013. L'histoire de Fisker souligne l'importance de la fiabilité et de la gestion financière dans le secteur automobile naissant.

En contraste, le succès de Tesla avec la Model S est une étude de cas de réussite. Lancée en 2012, la Model S a été un tournant pour Tesla, prouvant que les voitures électriques pouvaient offrir performance, autonomie, et luxe. L'innovation clé a été l'intégration de la technologie des batteries lithium-ion, offrant une autonomie supérieure. La stratégie de Tesla de construire une image de marque forte et de se concentrer sur l'innovation continue a été essentielle à son succès.

Nissan Leaf, lancée en 2010, représente une autre réussite, mais dans un segment de marché différent. En se concentrant sur l'accessibilité et la praticité, la Leaf est devenue l'une des voitures électriques les plus vendues au monde. La stratégie de Nissan a été de rendre la technologie électrique accessible à un public plus large, un pari qui s'est avéré payant.

L'échec du Better Place, une entreprise israélienne fondée en 2007, fournit un autre angle d'analyse. Better Place avait une vision innovante de stations d'échange de batteries pour résoudre le problème de l'autonomie et du temps de recharge des véhicules électriques. Malgré un concept prometteur, l'entreprise a échoué en raison d'une mise en œuvre coûteuse et complexe, et d'une adoption limitée par les constructeurs automobiles. Cela montre les défis liés à l'introduction de modèles d'affaires disruptifs dans un marché établi.

Ces études de cas mettent en lumière les divers facteurs qui contribuent au succès ou à l'échec dans l'industrie des véhicules électriques : innovation technologique, stratégie de marché, gestion financière, fiabilité et capacité à s'adapter aux besoins des consommateurs.

En analysant ces réussites et échecs, on peut se demander quelles sont les perspectives futures pour les voitures électriques. Quelles innovations et tendances émergentes pourraient façonner l'avenir de ce secteur ?

1.7. PERSPECTIVES FUTURES : QUE NOUS RÉSERVE DEMAIN ?

Les perspectives futures pour les voitures électriques s'annoncent aussi prometteuses que diversifiées, marquées par des avancées continues en technologie, des changements de politique et une acceptation croissante par le public. **L'innovation continue d'être le moteur de ce secteur,** avec plusieurs tendances clés dessinant l'avenir de la mobilité électrique.

L'amélioration continue des batteries est au cœur de cette évolution. Les prochaines générations de batteries promettent une densité énergétique plus élevée, une durée de vie plus longue, et des temps de recharge encore plus courts. Des technologies émergentes comme les batteries à état solide pourraient offrir des avancées majeures en termes de sécurité et de performance.

L'autonomie des véhicules est une autre tendance cruciale. Alors que la technologie de conduite autonome évolue, on peut s'attendre à voir des véhicules électriques de plus en plus autonomes. Cette intégration de l'IA dans les voitures électriques ne se limitera pas à la conduite elle-même, mais s'étendra également à la gestion de l'énergie, à l'entretien prédictif et à l'amélioration de l'expérience utilisateur.

Les politiques environnementales joueront également un rôle clé dans l'avenir des voitures électriques. Avec l'augmentation des préoccupations environnementales et des engagements pour le climat, les gouvernements pourraient intensifier leurs efforts pour promouvoir les véhicules électriques. Cela pourrait se traduire par des réglementations plus strictes sur les émissions, des incitations accrues pour les acheteurs de véhicules électriques, et des investissements dans l'infrastructure de recharge.

L'évolution du marché verra probablement l'apparition de nouveaux acteurs et de nouvelles collaborations. Les startups innovantes continueront de défier les constructeurs automobiles établis, conduisant à un paysage plus dynamique et diversifié. En outre, la collaboration entre les entreprises technologiques et les fabricants de voitures pourrait ouvrir de nouvelles voies d'innovation.

La durabilité sera un thème central, non seulement en termes de propulsion des véhicules, mais aussi concernant leur production et leur cycle de vie complet. Le recyclage des batteries et l'utilisation de matériaux durables dans la fabrication deviendront des considérations de plus en plus importantes.

Enfin, **l'évolution des modèles commerciaux** pourrait voir des concepts comme les abonnements aux véhicules, le partage de voitures et les services de mobilité électrique devenir plus courants, reflétant un changement dans la manière dont les consommateurs accèdent et utilisent les véhicules électriques.

En regardant vers l'avenir, il est clair que les voitures électriques ne sont pas seulement une tendance passagère, mais un élément central de la révolution de la mobilité. Avec ces développements passionnants à l'horizon, une question demeure : comment ces innovations façonneront-elles notre expérience quotidienne de la mobilité et quel impact auront-elles sur notre environnement et notre société ?

CHAPITRE 2 : TECHNOLOGIE DES VOITURES ÉLECTRIQUES

2.1. BATTERIES : AU CŒUR DE LA RÉVOLUTION

La batterie est l'élément central de la révolution des voitures électriques. Sa technologie détermine non seulement l'autonomie du véhicule, mais aussi sa performance et sa durabilité. Depuis les débuts de l'ère électrique, les batteries ont connu une évolution remarquable, propulsant les véhicules électriques de prototypes expérimentaux à des alternatives viables aux voitures traditionnelles.

Initialement, les batteries au plomb-acide étaient la norme. Peu coûteuses et fiables, elles souffraient néanmoins d'une faible densité énergétique et d'une durée de vie limitée, ce qui restreignait l'autonomie des véhicules. L'arrivée des batteries lithium-ion a marqué un tournant. Plus légères, plus compactes, et offrant une meilleure densité énergétique, elles ont permis aux véhicules électriques d'atteindre des autonomies comparables à celles des voitures à essence.

Mais la quête de la batterie parfaite ne s'arrête pas là. Les recherches se poursuivent pour développer des batteries encore plus performantes. **Les batteries à état solide** représentent une avancée prometteuse. Sans liquide dans leur composition, elles promettent d'être plus sûres, de durer plus longtemps et de se recharger plus rapidement. Cependant, leur production à grande échelle reste un défi.

La durabilité est un autre aspect crucial. La question du recyclage des batteries usagées est devenue un enjeu environnemental majeur. Des progrès sont réalisés pour améliorer les processus de recyclage, afin de récupérer les matériaux précieux et de réduire l'impact environnemental.

L'innovation dans le domaine des batteries ne se limite pas à améliorer les performances des véhicules. Elle joue également un rôle clé dans la réduction des coûts, rendant les voitures électriques plus accessibles. À l'avenir, ces avancées pourraient transformer non seulement les voitures, mais aussi le stockage d'énergie pour les maisons et les réseaux électriques, ouvrant ainsi la voie à une intégration plus poussée des énergies renouvelables.

Alors que les batteries continuent de s'améliorer, quelles sont les avancées dans le domaine des moteurs électriques, un autre composant essentiel des voitures électriques ?

2.2. MOTEURS ÉLECTRIQUES : FONCTIONNEMENT ET INNOVATIONS

Les moteurs électriques sont le cœur battant des voitures électriques, convertissant l'électricité en mouvement mécanique. Comparés à leurs homologues à combustion, les moteurs électriques se distinguent par leur efficacité, leur simplicité et leur performance.

Un moteur électrique fonctionne sur le principe de l'électromagnétisme : en faisant passer un courant électrique à travers un fil dans un champ magnétique, une force est créée, faisant tourner le moteur. Cette simplicité confère aux moteurs électriques un avantage majeur en termes de fiabilité et de maintenance réduite. De plus, ils offrent un couple instantané, procurant une accélération rapide et fluide.

Les innovations dans ce domaine sont continuelles. **Les moteurs sans balais,** par exemple, sont de plus en plus utilisés en raison de leur efficacité énergétique supérieure et de leur durée de vie prolongée. Ils sont parfaits pour des applications où la fiabilité et la réduction des interventions de maintenance sont cruciales.

Une autre avancée notable est le développement de **moteurs à aimants permanents,** qui offrent une densité de puissance élevée et un rendement supérieur. Ces moteurs sont particulièrement efficaces pour les véhicules qui nécessitent de hautes performances.

L'intégration des moteurs électriques dans les systèmes de conduite est également un domaine d'innovation. **La technologie de vectorisation du couple,** par exemple, permet une meilleure maniabilité et contrôle du véhicule en ajustant le couple distribué à chaque roue.

Outre les performances, l'efficacité des moteurs a un impact direct sur l'autonomie des véhicules. Les fabricants s'efforcent donc de développer des moteurs toujours plus efficaces pour maximiser la distance parcourue par charge.

L'avenir des moteurs électriques pourrait également voir l'intégration de matériaux innovants pour réduire le poids et améliorer l'efficacité. L'utilisation de nanomatériaux ou de matériaux avancés pourrait permettre de concevoir des moteurs encore plus légers et performants.

Alors que les moteurs électriques continuent d'évoluer, une autre composante cruciale des véhicules électriques gagne également en importance : les systèmes de charge. Comment ces systèmes se sont-ils développés pour soutenir l'utilisation croissante des voitures électriques ?

2.3. SYSTÈMES DE CHARGE : ÉVOLUTION ET ACCESSIBILITÉ

Les systèmes de charge des voitures électriques ont connu une évolution significative, parallèlement au développement des véhicules eux-mêmes. **L'accessibilité et la commodité de la recharge sont essentielles pour l'adoption généralisée des voitures électriques.** Au début, les options de recharge étaient limitées, souvent confinées à des installations domestiques basiques ou à quelques stations de recharge publiques. Aujourd'hui, le paysage a radicalement changé.

L'évolution des **systèmes de recharge domestique** a joué un rôle crucial. Initialement, la recharge se faisait principalement via des prises électriques standard, ce qui était lent et peu pratique. Aujourd'hui, les propriétaires de voitures électriques peuvent installer des bornes de recharge à domicile qui réduisent considérablement le temps de recharge. Ces systèmes sont de plus en plus sophistiqués, offrant des fonctionnalités comme la programmation à distance et l'intégration avec des systèmes de gestion de l'énergie domestique.

En parallèle, le déploiement de **stations de recharge publiques** a explosé. De simples points de recharge lents, nous sommes passés à un réseau étendu comprenant des stations de recharge rapide et ultra-rapide, capables de recharger une voiture électrique en moins d'une heure. Cette expansion joue un rôle essentiel dans la réduction de l'anxiété liée à l'autonomie, un obstacle majeur à l'adoption des voitures électriques.

L'innovation ne s'arrête pas là. **Le développement de la recharge sans fil** est un domaine passionnant. Bien que toujours en phase de développement et de test, cette technologie promet de rendre la recharge encore plus pratique, en éliminant le besoin de câbles et de prises.

La standardisation des connecteurs de recharge est un autre aspect important. Au début, l'industrie souffrait d'un manque de standardisation, ce qui limitait la compatibilité entre différentes voitures et stations de recharge. Désormais, il existe un effort croissant pour standardiser les systèmes de recharge à travers les marques et les régions, simplifiant ainsi l'expérience pour l'utilisateur.

Enfin, la recharge rapide a le potentiel de révolutionner la façon dont nous utilisons les véhicules électriques. Avec des développements comme la recharge ultra-rapide, les voitures électriques peuvent être rechargées en un temps comparable au remplissage d'un réservoir d'essence, rendant les longs trajets plus pratiques.

En considérant ces avancées dans les systèmes de charge, il est naturel de se demander comment elles affectent l'autonomie et la performance globale des voitures électriques. Comment ces facteurs ont-ils évolué et continuent-ils d'évoluer pour répondre aux besoins des utilisateurs ?

2.4. AUTONOMIE ET PERFORMANCE

L'autonomie et la performance sont des éléments clés dans l'appréciation des voitures électriques. Historiquement, l'une des plus grandes préoccupations concernant les véhicules électriques était leur autonomie limitée. Cependant, grâce aux avancées technologiques, cette inquiétude devient de moins en moins pertinente.

L'amélioration de l'autonomie a été réalisée principalement grâce aux progrès dans la technologie des batteries. Avec des batteries plus efficaces et à plus grande capacité, les voitures électriques modernes peuvent désormais parcourir des distances comparables à celles des voitures à essence sur une seule charge. Des modèles haut de gamme peuvent même offrir une autonomie dépassant les 500 kilomètres, suffisante pour la plupart des usages quotidiens et des voyages longue distance.

La performance des véhicules électriques a également connu des améliorations significatives. Contrairement aux moteurs à combustion, les moteurs électriques délivrent leur couple maximum dès le départ, ce qui se traduit par une accélération rapide et réactive. Cette caractéristique rend les voitures électriques non seulement agréables à conduire, mais aussi compétitives dans les segments de performance et de luxe.

La technologie des moteurs a également évolué, avec l'introduction de **systèmes à double moteur** (un pour chaque axe), améliorant l'équilibre, la traction et la maniabilité du véhicule. Ces systèmes permettent une distribution précise du couple aux roues, améliorant à la fois la sécurité et l'expérience de conduite.

L'efficacité énergétique est un autre domaine où les véhicules électriques excellent. Avec des composants tels que la récupération d'énergie au freinage, ils maximisent l'utilisation de chaque kilowatt-heure stocké dans la batterie. Cela ne se traduit pas seulement par une meilleure autonomie, mais aussi par une réduction des coûts d'exploitation à long terme.

Cependant, il est important de noter que l'autonomie peut varier en fonction de plusieurs facteurs, comme les conditions de conduite, le style de conduite, et les conditions météorologiques. Les fabricants travaillent continuellement à améliorer la fiabilité de l'autonomie dans diverses conditions.

Alors que l'autonomie et la performance continuent de s'améliorer, un autre aspect fascinant de la technologie des voitures électriques prend de l'ampleur : l'intégration de l'intelligence artificielle et des systèmes de conduite autonome. Comment ces technologies transforment-elles l'expérience de conduite des véhicules électriques ?

2.5. INTÉGRATION DE L'IA ET CONDUITE AUTONOME

L'intégration de l'intelligence artificielle (IA) et des systèmes de conduite autonome dans les voitures électriques représente une révolution dans le domaine de la mobilité. Ces technologies transforment non seulement la façon dont les véhicules sont conduits, mais aussi la manière dont ils interagissent avec leur environnement et les passagers.

L'IA dans les voitures électriques sert plusieurs fonctions. Elle est au cœur des systèmes de navigation avancés, de la gestion de l'énergie, et des interfaces utilisateur personnalisées. Grâce à l'IA, les voitures électriques peuvent optimiser leur consommation d'énergie en fonction des conditions de conduite et des habitudes du conducteur, prolongeant ainsi leur autonomie. De plus, l'IA permet une interaction plus intuitive avec le véhicule via des commandes vocales, des écrans tactiles et des applications mobiles.

La conduite autonome prend cette intégration à un niveau supérieur. En utilisant une combinaison de capteurs, de caméras et de radars, couplée à des algorithmes d'IA avancés, les voitures électriques sont capables de percevoir leur environnement, de prendre des décisions en temps réel et de naviguer de manière autonome. Cette technologie promet de réduire les accidents de la route, d'améliorer la circulation et d'offrir une mobilité à ceux qui ne peuvent pas conduire.

Des entreprises comme Tesla sont à l'avant-garde de cette révolution, avec leurs systèmes Autopilot et Full Self-Driving. Ces systèmes offrent des fonctionnalités telles que l'assistance au maintien de voie, le changement de voie automatique, et même, dans certaines conditions, la conduite entièrement autonome.

Cependant, la conduite autonome soulève également des défis significatifs. Les questions de sécurité, de réglementation et d'éthique doivent être soigneusement adressées. La fiabilité de ces systèmes en toutes circonstances reste un objectif clé pour les ingénieurs et les chercheurs.

L'intégration de l'IA et de la conduite autonome a également un impact sociétal. Elle pourrait modifier fondamentalement notre rapport à la voiture, en passant d'un mode de transport personnel à un service de mobilité partagé. Cela pourrait conduire à une réduction du nombre de voitures sur les routes, à une baisse de la congestion et à une amélioration de la qualité de l'air dans les zones urbaines.

Alors que l'IA et la conduite autonome continuent de se développer, un autre aspect crucial de la technologie des voitures électriques gagne en importance : la durabilité et le recyclage. Comment l'industrie aborde-t-elle ces défis pour assurer un avenir plus durable ?

2.6. RECYCLAGE ET DURABILITÉ

Le recyclage et la durabilité sont devenus des aspects cruciaux dans le développement des voitures électriques, à mesure que l'industrie s'oriente vers un avenir plus écologique et responsable. La nécessité de réduire l'impact environnemental des véhicules sur l'ensemble de leur cycle de vie est au cœur de ces efforts.

Le recyclage des batteries est un enjeu majeur. Les batteries lithium-ion, bien que performantes, contiennent des matériaux coûteux et parfois rares, comme le cobalt et le lithium. Leur recyclage est essentiel non seulement pour minimiser les déchets mais aussi pour récupérer ces matériaux précieux. Des progrès significatifs sont réalisés dans le développement de méthodes de recyclage plus efficaces et moins énergivores. Des entreprises et des instituts de recherche travaillent sur des procédés innovants pour améliorer le taux de récupération des matériaux et réduire l'impact environnemental du processus de recyclage.

En parallèle, l'**utilisation de matériaux durables et écologiques** dans la fabrication des véhicules gagne en importance. Cela inclut non seulement les batteries, mais aussi les carrosseries, les intérieurs et d'autres composants. L'utilisation de plastiques recyclés, de matériaux biosourcés et de procédés de production à faible émission de carbone sont autant de pistes explorées par les fabricants pour réduire l'empreinte écologique des véhicules.

La durabilité dans le cycle de vie global du véhicule est également une préoccupation croissante. Cela englobe tout, de l'extraction des matières premières à la fin de vie du véhicule. Les constructeurs s'efforcent d'améliorer l'efficacité énergétique dans la production, de réduire les émissions lors de l'utilisation et de maximiser la recyclabilité à la fin de la vie utile du véhicule.

En outre, l'impact environnemental des véhicules électriques dépend également de la source de l'électricité utilisée pour les charger. L'intégration des énergies renouvelables dans le réseau électrique est donc un aspect crucial pour maximiser les avantages écologiques des véhicules électriques.

La durabilité et le recyclage sont des éléments clés qui façonnent l'avenir des voitures électriques. Mais au-delà des aspects techniques, quelles sont les nouvelles frontières que l'industrie automobile explore, telles que les véhicules hybrides et à hydrogène, pour poursuivre la révolution de la mobilité verte ?

2.7. NOUVELLES FRONTIÈRES : VÉHICULES HYBRIDES ET À HYDROGÈNE

La technologie des véhicules électriques ne cesse de progresser, ouvrant la voie à de nouvelles frontières comme les véhicules hybrides et ceux à hydrogène. Ces innovations représentent des alternatives complémentaires aux véhicules électriques à batterie pure, offrant différentes solutions aux défis de la mobilité durable.

Les véhicules hybrides combinent un moteur à combustion interne et un moteur électrique. Ils offrent un équilibre entre les technologies existantes et émergentes, utilisant l'électricité pour une efficacité accrue tout en conservant le moteur traditionnel pour une autonomie étendue. Les hybrides rechargeables permettent de parcourir de courtes distances en mode entièrement électrique, réduisant ainsi la consommation de carburant et les émissions lors des trajets quotidiens. Les véhicules hybrides sont particulièrement attrayants dans les régions où l'infrastructure de recharge électrique est encore en développement.

Les véhicules à hydrogène, quant à eux, représentent une autre approche prometteuse. Ils utilisent des piles à combustible pour générer de l'électricité à partir de l'hydrogène, avec de l'eau comme seul sous-produit. Ces véhicules offrent plusieurs avantages, tels qu'une recharge rapide et une autonomie comparable aux voitures à essence. Cependant, le développement de l'infrastructure de distribution d'hydrogène reste un défi majeur.

L'intérêt pour les véhicules à hydrogène s'accroît, notamment dans les secteurs où les batteries ne sont pas encore une solution idéale, comme dans les transports lourds et les longs trajets. Des entreprises et des gouvernements investissent dans la recherche et le développement des piles à combustible et dans l'expansion des stations de ravitaillement en hydrogène.

Ces technologies ne sont pas en concurrence directe avec les véhicules électriques à batterie, mais plutôt complémentaires, offrant des solutions diversifiées pour différents besoins et applications. Les véhicules hybrides et à hydrogène contribuent à l'objectif global de réduction des émissions de carbone et de transition vers des sources d'énergie plus propres.

En explorant ces nouvelles frontières, l'industrie automobile s'engage dans une voie innovante et diversifiée, promettant de transformer notre expérience de la mobilité. Mais au-delà de la technologie elle-même, quel impact ces développements ont-ils sur l'environnement ? Le chapitre suivant se penche sur l'impact environnemental des voitures électriques, démystifiant les mythes et exposant les réalités.

CHAPITRE 3 : IMPACT ENVIRONNEMENTAL

3.1. EMPREINTE CARBONE : MYTHES ET RÉALITÉS

L'impact environnemental des voitures électriques, notamment en termes d'empreinte carbone, fait l'objet de débats animés. Il est essentiel de démystifier les mythes et d'exposer les réalités pour comprendre pleinement les avantages écologiques de ces véhicules.

Un mythe courant est que les voitures électriques ne sont pas vraiment écologiques car l'électricité utilisée pour les charger provient souvent de sources fossiles. Bien qu'il soit vrai que l'empreinte carbone d'une voiture électrique dépend de la source d'électricité, même dans les régions où le charbon et le gaz naturel dominent, les voitures électriques tendent à émettre moins de CO_2 sur leur cycle de vie que les véhicules à combustion. Cela est dû à leur plus grande efficacité énergétique.

De plus, avec la transition mondiale vers les énergies renouvelables, l'empreinte carbone des voitures électriques ne cesse de diminuer. Dans les régions où l'énergie solaire, éolienne ou hydroélectrique est abondante, les voitures électriques peuvent fonctionner presque entièrement sans émissions.

Un autre aspect souvent négligé est la production des véhicules. La fabrication des batteries peut être énergivore et émettre des gaz à effet de serre. Cependant, ces émissions sont compensées au fil du temps par les économies réalisées pendant la phase d'utilisation du véhicule. Des efforts sont également en cours pour rendre la production des batteries plus écologique, notamment en utilisant des énergies renouvelables et en améliorant l'efficacité des processus de fabrication.

Il est également important de noter que les voitures électriques produisent **zéro émission à l'échappement**, ce qui est crucial pour améliorer la qualité de l'air dans les zones urbaines densément peuplées.

Enfin, le recyclage des batteries et l'utilisation de matériaux durables dans la construction des véhicules électriques sont des domaines en plein développement, visant à réduire encore davantage l'empreinte carbone de ces véhicules sur l'ensemble de leur cycle de vie.

En résumé, bien que les voitures électriques ne soient pas entièrement sans impact sur l'environnement, leur empreinte carbone est généralement inférieure à celle des véhicules à combustion, et elle continue de diminuer grâce à l'évolution des technologies et des sources d'énergie. Cette réalité nous amène à nous interroger sur le rôle des énergies renouvelables dans l'utilisation des voitures électriques. Comment les énergies renouvelables peuvent-elles contribuer à rendre les voitures électriques encore plus écologiques ?

3.2. ÉNERGIES RENOUVELABLES ET VOITURES ÉLECTRIQUES

L'intégration des énergies renouvelables dans l'écosystème des voitures électriques est un pas crucial vers la réalisation de leur potentiel écologique complet. Cette synergie entre les véhicules électriques et les sources d'énergie propres peut jouer un rôle majeur dans la réduction des émissions globales de gaz à effet de serre.

Les énergies renouvelables, telles que l'énergie solaire, éolienne et hydroélectrique, fournissent une électricité propre qui peut être utilisée pour charger les véhicules électriques. Cette combinaison permet de réduire considérablement l'empreinte carbone des véhicules électriques, en particulier lorsqu'elle remplace l'énergie générée par les combustibles fossiles.

L'autoconsommation d'énergie renouvelable est une tendance émergente, où les propriétaires de voitures électriques installent des panneaux solaires sur leur domicile pour charger directement leurs véhicules. Cela crée un cycle énergétique quasi fermé, minimisant la dépendance au réseau électrique et réduisant encore plus l'impact environnemental.

Les **réseaux intelligents** jouent également un rôle essentiel dans cette intégration. Ils permettent une gestion plus efficace de la demande et de l'offre d'énergie, en optimisant l'utilisation de l'électricité renouvelable. Les voitures électriques peuvent être chargées pendant les périodes de faible demande et d'abondance d'énergie renouvelable, et inversement, elles peuvent fournir de l'énergie au réseau lors des pics de demande.

Les **véhicules électriques comme stockage d'énergie** représentent une autre avancée prometteuse. Dans ce modèle, les voitures électriques ne sont pas seulement des consommateurs d'énergie, mais également des sources de stockage temporaires qui peuvent alimenter le réseau en cas de besoin, contribuant à stabiliser le réseau électrique.

Cette intégration présente cependant des défis, notamment en termes d'infrastructure de recharge et de coordination entre la production d'énergie renouvelable et les besoins en énergie des véhicules électriques. L'investissement dans de nouvelles technologies et infrastructures est essentiel pour maximiser les bénéfices environnementaux de cette alliance.

En combinant les voitures électriques avec les énergies renouvelables, nous nous dirigeons vers une mobilité plus durable. Cependant, au-delà de la réduction des émissions de CO_2, quelles sont les implications des voitures électriques sur d'autres aspects environnementaux, comme la pollution sonore et la qualité de l'air ?

3.3. POLLUTION SONORE ET QUALITÉ DE L'AIR

La transition vers les voitures électriques a un impact significatif sur la pollution sonore et la qualité de l'air, en particulier dans les zones urbaines densément peuplées. Ces améliorations environnementales représentent des avantages souvent sous-estimés des véhicules électriques.

Réduction de la Pollution Sonore : Contrairement aux voitures à moteur à combustion, les voitures électriques sont remarquablement silencieuses. Leur fonctionnement ne produit pratiquement aucun bruit de moteur, ce qui réduit considérablement la pollution sonore, un problème majeur dans les villes modernes. Cette réduction du bruit ambiant contribue non seulement à un environnement urbain plus paisible mais peut également avoir des effets positifs sur la santé publique, en réduisant le stress et les troubles du sommeil liés au bruit.

Amélioration de la Qualité de l'Air : Les voitures électriques offrent un avantage majeur en termes de qualité de l'air. En éliminant les émissions à l'échappement, elles réduisent considérablement les polluants atmosphériques tels que les oxydes d'azote (NOx), les particules fines (PM2.5 et PM10), et les hydrocarbures non méthaniques. Ces polluants sont associés à divers problèmes de santé, allant des maladies respiratoires à des impacts sur le système cardiovasculaire.

Dans les centres urbains, où la densité du trafic est élevée, le passage aux véhicules électriques peut avoir un impact particulièrement bénéfique sur la qualité de l'air. Cela est crucial, car une mauvaise qualité de l'air en milieu urbain est souvent liée à de graves problèmes de santé publique et à une augmentation de la mortalité.

Défis à Surmonter : Cependant, il reste des défis à relever. Le déploiement à grande échelle des véhicules électriques nécessite une infrastructure de recharge adéquate et une production d'électricité suffisante et propre. De plus, bien que les véhicules électriques réduisent la pollution de l'air, il est essentiel de continuer à travailler sur la réduction des émissions liées à la production d'électricité et à la fabrication des véhicules eux-mêmes.

En considérant ces avantages environnementaux, il est clair que les voitures électriques jouent un rôle crucial dans la lutte contre la pollution sonore et la dégradation de la qualité de l'air. Cependant, quelle est la réalité des défis associés à la production de ces véhicules à grande échelle, notamment en termes de ressources et d'infrastructures ?

3.4. DÉFIS DE LA PRODUCTION À GRANDE ÉCHELLE

La montée en puissance de la production des voitures électriques à grande échelle présente plusieurs défis significatifs, allant de la gestion des ressources à la construction d'infrastructures adéquates. Ces défis doivent être relevés pour assurer une transition réussie et durable vers la mobilité électrique.

Gestion des Ressources et Approvisionnement en Matériaux : Un des principaux défis est l'approvisionnement en matériaux nécessaires pour les batteries, comme le lithium, le cobalt et le nickel. La demande croissante pour ces matériaux peut entraîner des tensions sur les chaînes d'approvisionnement et soulever des préoccupations environnementales et éthiques, notamment en ce qui concerne l'extraction minière. Il est donc crucial de développer des méthodes d'extraction et de traitement plus durables, ainsi que des alternatives aux matériaux rares ou controversés.

Capacité de Production Industrielle : Augmenter la production de véhicules électriques implique de grandes modifications dans les lignes de production automobile. Cela nécessite des investissements considérables en termes d'équipements, de formation du personnel et de développement de nouvelles compétences techniques. Les constructeurs automobiles doivent également s'adapter à une évolution rapide des technologies, ce qui peut rendre les investissements d'aujourd'hui obsolètes plus rapidement que dans le passé.

Développement d'Infrastructures de Charge : Parallèlement à l'augmentation du nombre de véhicules électriques, il est essentiel d'étendre et d'améliorer l'infrastructure de recharge. Cela inclut non seulement l'installation de stations de recharge publiques plus nombreuses et plus rapides, mais aussi l'intégration de ces stations dans les réseaux électriques existants, sans surcharger les systèmes de distribution d'énergie.

Impact Environnemental de la Production : Alors que les voitures électriques elles-mêmes sont propres à l'usage, la production peut être énergivore et génératrice de pollution. Les constructeurs doivent donc chercher à minimiser l'impact environnemental de la production en utilisant des énergies renouvelables, en optimisant les processus de fabrication et en minimisant les déchets.

Défis Logistiques : Le transport des véhicules électriques et de leurs composants, souvent sur de longues distances, pose des défis logistiques. Il est nécessaire d'optimiser la logistique pour réduire les coûts et l'empreinte carbone associée au transport.

En résumé, bien que le passage à une production massive de voitures électriques soit essentiel pour une mobilité plus durable, il soulève des défis complexes qui nécessitent des solutions innovantes et une planification minutieuse. Ces défis mettent en lumière l'importance d'une approche intégrée et durable pour la production à grande échelle de véhicules électriques.

3.5. GESTION DES DÉCHETS ET RECYCLAGE DES BATTERIES

La gestion des déchets et le recyclage des batteries sont des aspects fondamentaux pour assurer la durabilité à long terme des voitures électriques. Avec l'augmentation rapide du nombre de ces véhicules, la question de la fin de vie des batteries devient de plus en plus pressante.

Recyclage des Batteries : Les batteries lithium-ion, utilisées dans la majorité des voitures électriques, contiennent des métaux précieux et toxiques. Il est crucial de développer des méthodes de recyclage efficaces pour récupérer ces matériaux et éviter la pollution. Le recyclage permet non seulement de réduire l'extraction de nouvelles matières premières, mais aussi de diminuer l'empreinte environnementale globale des véhicules électriques.

Des progrès sont réalisés dans la mise au point de procédés de recyclage plus avancés et plus rentables. Ces méthodes visent à extraire des matériaux de haute qualité pouvant être réutilisés dans la fabrication de nouvelles batteries. Cela crée une économie circulaire pour les batteries, minimisant ainsi les déchets et l'impact environnemental.

Gestion des Déchets : Outre le recyclage des batteries, la gestion des autres composants des véhicules électriques est également essentielle. Cela inclut le recyclage ou la réutilisation des métaux, des plastiques et d'autres matériaux utilisés dans la construction du véhicule.

Développement de Normes et Politiques : Pour une gestion efficace des déchets, le développement de normes et de politiques est essentiel. Cela pourrait inclure des réglementations sur la responsabilité élargie des producteurs, obligeant les fabricants de véhicules électriques à prendre en charge le recyclage des batteries et d'autres composants en fin de vie.

Second Life Applications : Les batteries en fin de vie peuvent souvent être réutilisées dans d'autres applications avant le recyclage. Par exemple, elles peuvent servir pour le stockage d'énergie dans les systèmes solaires domestiques ou industriels. Cette réutilisation prolonge la durée de vie utile des batteries et retarde la nécessité de leur recyclage.

En conclusion, une gestion efficace des déchets et un recyclage adéquat des batteries sont essentiels pour assurer la durabilité environnementale des voitures électriques. Ces efforts aideront à minimiser l'impact écologique global de ces véhicules et à promouvoir une économie circulaire dans l'industrie automobile.

Face à ces défis, quelles politiques et normes environnementales sont mises en place pour encadrer et promouvoir une gestion responsable des déchets et un recyclage efficace dans le secteur des véhicules électriques ?

3.6. POLITIQUES ENVIRONNEMENTALES ET NORMES GLOBALES

L'adoption de politiques environnementales et de normes globales joue un rôle crucial dans le soutien à la transition vers les voitures électriques et dans la gestion de leur impact environnemental. Ces politiques et normes visent à encadrer et à promouvoir une approche durable et responsable de l'industrie automobile électrique.

Les gouvernements du monde entier mettent en place des réglementations visant à réduire les émissions de gaz à effet de serre des véhicules. Ces réglementations comprennent des normes d'émission plus strictes, des incitations pour l'achat de véhicules électriques, et des objectifs à long terme pour la réduction des véhicules à combustion interne. Par exemple, de nombreux pays européens ont annoncé des plans pour interdire la vente de voitures neuves à essence et diesel d'ici 2030 ou 2040, créant ainsi un marché favorable pour les véhicules électriques.

Parallèlement, des normes internationales sont développées pour le recyclage des batteries et la gestion des déchets. Ces normes visent à assurer que les matériaux utilisés dans les batteries des voitures électriques sont récupérés et réutilisés efficacement, minimisant ainsi l'impact environnemental et créant une économie circulaire.

La mise en place de normes pour la recharge des véhicules électriques est également un aspect important. Ces normes garantissent la compatibilité entre différents véhicules et infrastructures de recharge, facilitant ainsi l'utilisation des voitures électriques au niveau mondial.

En outre, des efforts sont faits pour intégrer les énergies renouvelables dans l'alimentation des infrastructures de recharge. Cela aide à maximiser les bénéfices environnementaux des voitures électriques, en réduisant leur dépendance aux sources d'énergie fossiles.

Cependant, le défi réside dans la mise en œuvre cohérente de ces politiques et normes à travers le monde. La collaboration internationale est essentielle pour créer un ensemble de règles et de normes uniformes qui peuvent guider l'industrie vers des pratiques plus durables.

En conclusion, les politiques environnementales et les normes globales sont indispensables pour guider le développement et l'adoption des voitures électriques. Elles jouent un rôle déterminant dans la réduction de l'impact écologique du secteur des transports et dans la promotion d'une mobilité durable pour l'avenir.

Avec ces politiques en place, il est également essentiel de sensibiliser et d'éduquer le public sur les avantages et les enjeux des voitures électriques. Comment cette sensibilisation est-elle actuellement menée, et quel rôle joue-t-elle dans l'accélération de la transition vers une mobilité électrique ?

3.7. ÉDUCATION ET SENSIBILISATION DU PUBLIC

L'éducation et la sensibilisation du public sont essentielles pour accélérer l'adoption des voitures électriques et promouvoir une mobilité durable. Comprendre les avantages et les défis associés à ces véhicules est crucial pour que consommateurs et décideurs puissent faire des choix éclairés.

Des campagnes d'information sont menées pour démythifier les voitures électriques et sensibiliser aux avantages qu'elles offrent, tant sur le plan environnemental qu'économique. Ces campagnes abordent des sujets variés, tels que la réduction des émissions de gaz à effet de serre, les économies réalisées sur le carburant et l'entretien, et l'amélioration de la qualité de l'air.

Les gouvernements, les constructeurs automobiles et les organisations environnementales jouent un rôle de premier plan dans ces initiatives éducatives. Ils fournissent des informations sur les incitations financières disponibles, les options de recharge, et les performances des véhicules électriques. Des événements comme des salons de l'auto, des essais de conduite et des ateliers éducatifs sont organisés pour permettre au public de découvrir directement les véhicules électriques.

L'éducation sur les voitures électriques s'étend également aux écoles et aux universités, où les programmes éducatifs peuvent inclure des modules sur les technologies durables et la mobilité électrique. Cela aide à préparer la prochaine génération à une transition vers des modes de transport plus propres.

En outre, les médias jouent un rôle crucial dans la diffusion d'informations sur les voitures électriques. Des documentaires, des articles et des programmes de télévision contribuent à sensibiliser le public aux avantages et aux enjeux de la mobilité électrique.

Cette sensibilisation est importante non seulement pour encourager l'achat de voitures électriques, mais aussi pour soutenir les politiques publiques favorisant leur adoption. Un public bien informé est plus susceptible de soutenir des initiatives telles que le développement d'infrastructures de recharge, les subventions pour les véhicules électriques et les réglementations favorisant les énergies renouvelables.

En somme, l'éducation et la sensibilisation du public sont des composantes clés pour réussir la transition vers une mobilité électrique durable. Elles permettent de créer un environnement favorable où consommateurs, entreprises et gouvernements travaillent ensemble pour un avenir plus propre et plus vert.

Envisageant ces efforts de sensibilisation et d'éducation, quel est l'état actuel du marché des voitures électriques ? Comment la demande et l'offre évoluent-elles, et quels sont les facteurs qui influencent ces tendances ?

CHAPITRE 4 : MARCHÉ ET ÉCONOMIE

4.1. TENDANCES DU MARCHÉ : DEMANDE ET OFFRE

Le marché des voitures électriques connaît une croissance rapide, stimulée par une demande en augmentation et une offre en constante évolution. Les facteurs influençant cette dynamique sont multiples et reflètent à la fois des changements technologiques, des politiques environnementales et des préférences des consommateurs.

Du côté de la demande, l'intérêt croissant pour les voitures électriques est alimenté par une prise de conscience environnementale plus forte, des incitations gouvernementales et une amélioration continue de l'infrastructure de recharge. De plus, la baisse des prix des batteries contribue à rendre ces véhicules plus accessibles. Les consommateurs sont également attirés par les avantages des voitures électriques, notamment en termes de coûts d'exploitation réduits et d'expérience de conduite améliorée.

Sur le plan de l'offre, les constructeurs automobiles élargissent leur gamme de véhicules électriques, proposant des modèles dans divers segments, du luxe à l'entrée de gamme. Cette diversification est une réponse à la demande croissante, mais aussi un moyen de se conformer aux réglementations environnementales de plus en plus strictes. Les investissements dans la recherche et le développement se multiplient, visant à améliorer l'autonomie, réduire les coûts et intégrer des technologies avancées comme la conduite autonome.

L'équilibre entre la demande et l'offre est cependant confronté à des défis. D'une part, la capacité de production doit suivre le rythme de la demande croissante, nécessitant des investissements importants dans les chaînes de production. D'autre part, la dépendance aux matériaux critiques pour les batteries pose des questions d'approvisionnement et de durabilité.

En somme, le marché des voitures électriques est à un point de bascule, avec des opportunités et des défis significatifs. La façon dont les constructeurs, les gouvernements et les consommateurs répondront à ces enjeux déterminera la vitesse et l'efficacité de la transition vers une mobilité électrique plus durable.

Dans ce contexte, comment les stratégies commerciales des constructeurs automobiles s'adaptent-elles pour tirer parti de ces opportunités de marché et relever ces défis ?

4.2. STRATÉGIES COMMERCIALES DES CONSTRUCTEURS

Dans le secteur en pleine évolution des voitures électriques, les constructeurs automobiles adaptent et développent des stratégies commerciales innovantes pour répondre aux exigences du marché et se positionner avantageusement dans un environnement concurrentiel intense. Ces stratégies couvrent divers aspects, allant du développement de produits à la commercialisation, en passant par les partenariats stratégiques.

Les constructeurs établissent des plans ambitieux pour l'électrification de leur gamme de véhicules. Beaucoup d'entre eux s'engagent à offrir plusieurs modèles électriques dans les années à venir, avec l'objectif de convertir progressivement la majorité de leurs offres de véhicules à combustion en options électriques. Cette diversification des gammes permet de cibler différents segments du marché, des voitures compactes économiques aux modèles de luxe et performants.

L'innovation dans la technologie des batteries et des moteurs reste un axe majeur. En investissant dans la recherche et le développement, les constructeurs cherchent à améliorer l'autonomie des véhicules, réduire les temps de recharge et augmenter l'efficacité énergétique. Ces avancées sont cruciales pour rendre les voitures électriques plus attrayantes pour une base de consommateurs plus large.

Une autre stratégie clé est la formation de partenariats et de collaborations. Les constructeurs s'associent avec des fournisseurs de batteries, des entreprises de technologie et d'autres acteurs de l'industrie pour accélérer le développement et réduire les coûts. Ces partenariats peuvent également faciliter l'accès à des ressources essentielles, comme les matières premières pour les batteries.

En termes de commercialisation, les constructeurs adoptent des approches plus ciblées et personnalisées. Ils utilisent des campagnes marketing axées sur la sensibilisation à l'environnement, la performance et les économies à long terme, pour séduire des clients de plus en plus conscients des enjeux climatiques.

Enfin, les constructeurs automobiles s'efforcent d'offrir une expérience utilisateur complète. Cela inclut l'investissement dans les infrastructures de recharge, le développement d'applications mobiles pour la gestion des véhicules et des services après-vente spécialisés.

Ces stratégies commerciales montrent que les constructeurs automobiles ne se contentent pas de réagir aux tendances du marché, mais cherchent activement à façonner l'avenir de la mobilité électrique. En répondant aux défis technologiques, environnementaux et commerciaux, ils jouent un rôle déterminant dans l'accélération de la transition vers des transports plus durables.

Face à ces efforts, quel est l'impact de l'évolution du marché des voitures électriques sur des industries traditionnelles telles que l'industrie pétrolière et automobile ?

4.3. IMPACT SUR L'INDUSTRIE PÉTROLIÈRE ET AUTOMOBILE

L'ascension des voitures électriques transforme profondément non seulement l'industrie automobile, mais aussi le secteur pétrolier. Cette transition vers l'électromobilité représente un changement de paradigme, entraînant des répercussions considérables sur ces industries traditionnelles.

Dans l'industrie automobile, la montée des véhicules électriques stimule l'innovation et la concurrence. Les constructeurs traditionnels, qui se sont longtemps appuyés sur les moteurs à combustion interne, sont maintenant poussés à redéfinir leurs stratégies de produit et d'investissement. Cette situation a accéléré le développement de nouvelles technologies et a poussé les entreprises à diversifier leur offre. Les fabricants de véhicules électriques, comme Tesla, ont gagné en popularité et en part de marché, défiant les acteurs établis.

Pour l'industrie pétrolière, l'impact est complexe. La réduction de la dépendance aux véhicules à combustion réduit la demande de pétrole pour le carburant. Cela pourrait entraîner une baisse à long terme de la demande de pétrole, obligeant le secteur à explorer de nouveaux marchés et à investir dans des sources d'énergie alternatives. Cependant, le pétrole reste un élément clé dans de nombreux autres secteurs, ce qui signifie que l'impact global sur l'industrie pétrolière sera graduel et varié.

Cet impact est également influencé par les politiques gouvernementales. Les réglementations sur les émissions de carbone et les subventions pour les véhicules électriques jouent un rôle important dans la vitesse de cette transition. De plus, les initiatives en faveur des énergies renouvelables peuvent réduire la dépendance aux combustibles fossiles, influençant ainsi indirectement l'industrie pétrolière.

Enfin, cette transition pose des défis en termes d'emploi et de compétences. Dans l'industrie automobile, il existe un besoin croissant de compétences en ingénierie électrique et en logiciel, par opposition aux compétences traditionnelles en mécanique. Pour le secteur pétrolier, il y a une pression pour requalifier les travailleurs vers des industries plus durables.

En conclusion, l'essor des voitures électriques a un impact significatif sur les industries pétrolière et automobile. Il s'agit d'une période de transformation qui offre des opportunités pour l'innovation et le développement durable, tout en présentant des défis en termes d'adaptation et de transition pour les travailleurs et les entreprises de ces secteurs.

Face à ces changements, quels sont les défis et opportunités pour l'emploi et l'économie dans ce contexte de transformation industrielle ?

4.4. EMPLOIS ET ÉCONOMIE : TRANSFORMATION ET OPPORTUNITÉS

La montée en puissance des voitures électriques crée une transformation majeure dans les domaines de l'emploi et de l'économie, apportant à la fois des défis et des opportunités. Cette transition influence significativement le paysage de l'emploi dans l'industrie automobile et au-delà, nécessitant de nouvelles compétences tout en redéfinissant des rôles traditionnels.

D'un côté, l'électrification des véhicules entraîne une évolution des compétences requises dans le secteur automobile. La production de voitures électriques exige des compétences en ingénierie électrique, en logiciels et en systèmes de batteries, qui diffèrent des compétences traditionnelles axées sur les moteurs à combustion. Cela signifie que les travailleurs doivent se requalifier ou améliorer leurs compétences pour rester pertinents dans l'industrie.

Parallèlement, cette transition offre de nouvelles opportunités de création d'emplois. Les secteurs de la recherche et développement, de la fabrication de batteries, de la construction d'infrastructures de recharge et des services liés à la mobilité électrique sont en pleine expansion. Ces domaines offrent des perspectives pour de nouveaux emplois et contribuent à la croissance économique.

Cependant, il y a également un risque de perte d'emplois, en particulier dans les secteurs liés à la production et à la maintenance de véhicules à combustion interne. Pour atténuer cet impact, de nombreux gouvernements et entreprises mettent en place des programmes de formation et de transition professionnelle.

Sur le plan économique, l'essor des voitures électriques stimule l'innovation et attire des investissements significatifs. Les subventions et les incitations gouvernementales jouent un rôle clé dans la promotion de cette transition, rendant les voitures électriques plus accessibles aux consommateurs et stimulant la demande.

L'impact sur l'industrie pétrolière est également notable. Alors que la demande de carburants traditionnels pourrait diminuer, cela ouvre des possibilités pour ces entreprises de se diversifier et d'investir dans des énergies alternatives.

En résumé, la transition vers les voitures électriques représente un changement majeur pour l'emploi et l'économie. Elle nécessite une adaptation et une planification stratégique pour maximiser les opportunités et minimiser les défis, garantissant ainsi une transition harmonieuse vers une économie plus verte et plus durable.

Face à ces changements, comment les gouvernements et les entreprises interviennent-ils avec des subventions et des aides pour faciliter cette transition et stimuler l'adoption des voitures électriques ?

4.5. SUBVENTIONS ET AIDES GOUVERNEMENTALES

Les subventions et aides gouvernementales jouent un rôle crucial dans la facilitation de la transition vers les voitures électriques. Ces mesures de soutien sont conçues pour surmonter les barrières économiques et encourager à la fois les consommateurs et les fabricants à s'orienter vers des solutions de mobilité plus durables.

Les gouvernements du monde entier ont mis en place diverses formes de soutien financier pour rendre les voitures électriques plus abordables pour les consommateurs. Ces incitations peuvent inclure des réductions d'impôts, des crédits d'achat, des exemptions de certaines taxes ou des subventions directes à l'achat. Par exemple, de nombreux pays européens offrent des rabais substantiels à l'achat de véhicules électriques, ce qui réduit considérablement le coût initial pour les consommateurs.

Outre les incitations à l'achat, les gouvernements investissent également dans le développement des infrastructures nécessaires pour les véhicules électriques, telles que les stations de recharge. L'expansion de l'infrastructure de recharge est essentielle pour accroître la commodité et l'attractivité des voitures électriques, en réduisant l'anxiété liée à l'autonomie et en rendant les voitures électriques plus pratiques pour un usage quotidien.

Les politiques gouvernementales ne se limitent pas seulement aux incitations financières. Elles incluent également des réglementations visant à réduire les émissions de gaz à effet de serre, comme la mise en place de zones à faibles émissions dans les villes, où les véhicules électriques peuvent avoir des avantages en termes d'accès et de stationnement.

Ces mesures gouvernementales sont complétées par des investissements dans la recherche et le développement pour favoriser l'innovation dans le domaine de l'électromobilité. Cela peut inclure le financement de projets de recherche sur les nouvelles technologies de batteries, les systèmes de propulsion électrique et l'intégration des véhicules électriques dans les réseaux énergétiques intelligents.

En somme, les subventions et aides gouvernementales sont des outils essentiels pour stimuler la demande de voitures électriques et soutenir l'industrie dans sa transition vers des solutions de transport plus durables. Ces politiques reflètent une prise de conscience croissante de la nécessité d'agir contre le changement climatique et de promouvoir une mobilité durable pour l'avenir.

Comment ces efforts gouvernementaux influencent-ils la globalisation et le commerce international dans le secteur des voitures électriques, et quelles en sont les implications pour les marchés mondiaux ?

4.6. GLOBALISATION ET COMMERCE INTERNATIONAL

L'essor des voitures électriques a un impact significatif sur la globalisation et le commerce international, redessinant les cartes de l'économie mondiale dans le secteur de l'automobile. Cette tendance vers l'électrification des véhicules crée de nouvelles dynamiques commerciales, change les flux de matières premières et influence les relations économiques internationales.

La demande croissante de voitures électriques stimule le commerce international de composants clés comme les batteries lithium-ion et les moteurs électriques. Les pays qui disposent de ressources naturelles nécessaires à la fabrication de ces composants, comme le lithium, le cobalt et le nickel, deviennent des acteurs stratégiques dans la chaîne d'approvisionnement mondiale. Cela entraîne un rééquilibrage des puissances économiques, certains pays s'affirmant comme des fournisseurs clés sur le marché mondial des véhicules électriques.

Parallèlement, la compétition s'intensifie entre les constructeurs automobiles des différents continents. Les entreprises asiatiques, européennes et américaines investissent massivement dans la technologie des véhicules électriques, cherchant à se positionner comme leaders dans ce secteur en évolution rapide. Cette compétition stimule l'innovation et contribue à l'amélioration rapide des technologies de véhicules électriques.

Les politiques commerciales et les accords internationaux jouent également un rôle crucial dans ce contexte. Les droits de douane, les accords de libre-échange et les réglementations environnementales influencent fortement la manière dont les véhicules électriques et leurs composants sont échangés à l'échelle mondiale. Les pays cherchent à protéger leurs industries naissantes de véhicules électriques tout en favorisant les importations de technologies et de matières premières essentielles.

En outre, la transition vers les véhicules électriques soulève des questions importantes sur la durabilité et l'éthique dans la chaîne d'approvisionnement mondiale. Les préoccupations environnementales et les droits de l'homme, en particulier dans l'extraction des minéraux nécessaires aux batteries, deviennent des enjeux cruciaux pour les entreprises et les gouvernements.

En conclusion, la montée des voitures électriques transforme le paysage du commerce international et de la globalisation, avec des implications profondes pour les chaînes d'approvisionnement, les politiques commerciales et les stratégies économiques mondiales. Cette évolution représente à la fois des défis et des opportunités, alors que le monde s'oriente vers une mobilité plus durable.

Dans ce contexte global en mutation, comment les crises récentes, comme la pandémie de COVID-19, ont-elles influencé le marché des voitures électriques et quelles opportunités pourraient émerger de ces défis ?

4.7. CRISES ET OPPORTUNITÉS : COVID-19 ET AU-DELÀ

La pandémie de COVID-19 a eu un impact profond sur le marché des voitures électriques, à la fois en termes de défis et d'opportunités. Cette crise mondiale a entraîné des perturbations dans les chaînes d'approvisionnement, affecté la demande et accéléré certaines tendances sous-jacentes dans l'industrie automobile.

Au début de la pandémie, la fermeture des usines et les perturbations logistiques ont eu un impact significatif sur la production de voitures électriques. De nombreux constructeurs ont dû suspendre ou ralentir la production, ce qui a entraîné des retards dans le lancement de nouveaux modèles et une pénurie d'offre sur le marché.

Cependant, la crise a également accéléré la transition vers l'électromobilité. La sensibilisation accrue aux questions environnementales et la volonté de réduire la dépendance aux combustibles fossiles ont stimulé l'intérêt pour les voitures électriques. Dans plusieurs pays, les gouvernements ont inclus des incitations pour les véhicules électriques dans leurs plans de relance économique post-COVID, cherchant à encourager une reprise « verte ».

La pandémie a également accéléré l'adoption de nouvelles technologies et pratiques commerciales. Par exemple, l'essor du commerce électronique et des expériences de vente virtuelles a permis aux consommateurs d'explorer et d'acheter des voitures électriques en ligne, une tendance qui semble se pérenniser.

En outre, la crise a souligné l'importance de la résilience et de la durabilité dans les chaînes d'approvisionnement. Les constructeurs et les fournisseurs cherchent désormais à diversifier leurs sources d'approvisionnement et à investir davantage dans les technologies locales pour réduire la dépendance aux importations et atténuer les risques de perturbations futures.

En conclusion, bien que la pandémie de COVID-19 ait présenté des défis considérables, elle a également créé des opportunités pour stimuler l'innovation et accélérer la transition vers des véhicules électriques. Alors que le monde se remet de cette crise, il est probable que nous assistions à une accélération de la mobilité électrique, en ligne avec les objectifs de durabilité et d'innovation.

Alors que nous nous projetons dans l'avenir, comment les consommateurs adoptent-ils les voitures électriques, et quels sont les facteurs qui influencent leurs motivations et leurs hésitations ?

CHAPITRE 5 : EXPÉRIENCE UTILISATEUR

5.1. L'ADOPTION PAR LE CONSOMMATEUR : MOTIVATIONS ET HÉSITATIONS

L'adoption des voitures électriques par les consommateurs est influencée par une variété de facteurs, allant des motivations environnementales aux considérations pratiques et économiques. Comprendre ces facteurs est essentiel pour saisir comment les voitures électriques passent du statut de nouveauté à celui de choix prédominant pour les consommateurs.

Les motivations environnementales jouent un rôle clé. Beaucoup de consommateurs sont attirés par les voitures électriques en raison de leur plus faible impact environnemental, notamment en termes de réduction des émissions de gaz à effet de serre. Cette préoccupation pour la durabilité est souvent renforcée par des incitations gouvernementales, telles que des réductions d'impôts ou des subventions à l'achat.

Cependant, des hésitations demeurent, principalement liées à l'autonomie des véhicules, au coût initial et à l'infrastructure de recharge. L'anxiété liée à l'autonomie, c'est-à-dire la peur que la batterie du véhicule s'épuise avant d'atteindre une station de recharge, est une préoccupation majeure. Bien que l'autonomie des batteries se soit améliorée, elle reste un facteur décisif pour de nombreux acheteurs potentiels.

Le coût initial des voitures électriques, bien qu'il baisse progressivement, reste plus élevé que celui des voitures à combustion traditionnelles. Cela peut être un obstacle, bien que les coûts d'exploitation plus bas des voitures électriques (moins de maintenance, coût réduit de l'électricité par rapport au carburant) puissent compenser ce coût initial sur le long terme.

L'infrastructure de recharge est également un facteur clé. La disponibilité et la commodité des stations de recharge sont cruciales pour l'adoption généralisée des voitures électriques. Bien que l'infrastructure s'améliore rapidement, des disparités régionales existent, rendant l'achat d'une voiture électrique plus attrayant dans certaines zones que dans d'autres.

Enfin, l'expérience de conduite unique des voitures électriques - notamment leur silence et leur accélération rapide - est souvent citée comme un facteur positif influençant la décision d'achat.

En somme, bien que l'intérêt pour les voitures électriques soit en hausse, une combinaison de motivations environnementales, économiques et pratiques influence la décision des consommateurs. Alors que l'industrie et les gouvernements travaillent à atténuer ces hésitations, il est probable que l'on assiste à une adoption accrue dans les années à venir.

Comment ces divers facteurs se combinent-ils pour façonner l'expérience de conduite des voitures électriques, et quels sont les attributs spécifiques de ces véhicules qui attirent les consommateurs ?

5.2. EXPÉRIENCE DE CONDUITE : SILENCE ET PUISSANCE

L'expérience de conduite d'une voiture électrique est souvent décrite comme unique et différente de celle d'un véhicule à moteur à combustion interne. Cette distinction provient de plusieurs caractéristiques intrinsèques aux voitures électriques, notamment leur silence et leur puissance.

Tout d'abord, le silence remarquable du moteur électrique offre une expérience de conduite plus calme et plus paisible. Contrairement aux moteurs à combustion, les moteurs électriques ne produisent pas le bruit de moteur habituel, ce qui réduit considérablement le bruit à l'intérieur du véhicule. Ce silence améliore non seulement le confort du conducteur et des passagers, mais contribue également à une réduction significative de la pollution sonore dans les environnements urbains.

Ensuite, la puissance et l'accélération des voitures électriques sont des aspects qui surprennent souvent les nouveaux conducteurs. Les moteurs électriques peuvent fournir un couple maximal dès le démarrage, permettant ainsi une accélération rapide et réactive. Cette caractéristique offre une sensation de conduite dynamique et sportive, très appréciée par les amateurs de voitures.

La maintenance réduite est un autre avantage significatif. Les voitures électriques ont moins de pièces mobiles que les voitures à combustion, ce qui signifie moins d'usure et donc moins de maintenance. Cette simplicité mécanique se traduit par des coûts de maintenance généralement inférieurs, ainsi qu'une fiabilité accrue à long terme.

Cependant, il y a aussi des défis à surmonter. L'autonomie des véhicules électriques, bien que s'améliorant constamment, reste une préoccupation pour les conducteurs, en particulier lors de longs trajets. Les progrès technologiques dans les batteries et l'expansion des réseaux de recharge continuent d'atténuer cette inquiétude.

De plus, l'expérience de conduite est en train d'être révolutionnée par l'intégration croissante de l'intelligence artificielle et des fonctionnalités de conduite autonome. Ces technologies offrent non seulement une sécurité améliorée, mais aussi un confort et une commodité accrus, en particulier pour la conduite en milieu urbain.

En résumé, la conduite d'une voiture électrique offre une expérience distincte caractérisée par le silence, la puissance, une maintenance réduite et des innovations technologiques. Alors que le marché continue d'évoluer, ces caractéristiques devraient devenir de plus en plus attrayantes pour un large éventail de consommateurs.

Dans ce contexte, comment les aspects pratiques tels que la maintenance et la fiabilité des voitures électriques influencent-ils l'expérience globale de l'utilisateur et sa décision d'achat ?

5.3. MAINTENANCE ET FIABILITÉ

La maintenance et la fiabilité sont des aspects essentiels qui influencent significativement l'expérience utilisateur et la décision d'achat des voitures électriques. Ces facteurs ont un impact direct sur la perception de la valeur à long terme et sur la facilité d'utilisation des véhicules électriques.

Les voitures électriques sont souvent considérées comme plus fiables que leurs homologues à moteur à combustion interne. Cela s'explique par la simplicité de leur conception mécanique. Avec moins de pièces mobiles et une absence de systèmes complexes comme les transmissions et les moteurs à essence, les voitures électriques présentent moins de points de défaillance potentiels. Cette simplicité réduit la probabilité de pannes mécaniques et diminue les coûts de maintenance à long terme.

En termes de maintenance, les voitures électriques nécessitent moins d'entretien régulier. Il n'y a pas de vidanges d'huile, de changements de filtres, ou de remplacements de courroies, qui sont des procédures courantes dans l'entretien des véhicules à combustion. Les freins des voitures électriques s'usent également moins vite grâce au freinage régénératif, qui récupère l'énergie lors du freinage. Ces facteurs contribuent à un coût total de possession réduit, un argument convaincant pour de nombreux acheteurs.

Néanmoins, les préoccupations concernant la durée de vie et le coût de remplacement des batteries restent un point d'interrogation pour les consommateurs. Bien que la technologie des batteries ait fait de grands progrès en termes de longévité et de performance, le remplacement d'une batterie peut être coûteux. Les garanties offertes par les fabricants visent à atténuer ces inquiétudes, mais la gestion à long terme de la santé de la batterie reste une considération importante pour les propriétaires de véhicules électriques.

L'aspect de la fiabilité s'étend également à l'infrastructure de recharge. La disponibilité et la fiabilité des stations de recharge sont cruciales pour l'expérience utilisateur. Une infrastructure de recharge bien développée et fiable renforce la confiance des consommateurs dans l'utilisation quotidienne des véhicules électriques, en particulier pour les longs trajets.

En somme, la maintenance réduite et la fiabilité accrue des voitures électriques sont des atouts majeurs qui influencent positivement l'expérience utilisateur. Ces facteurs, combinés à une infrastructure de recharge en développement, rendent les voitures électriques de plus en plus attrayantes pour un large éventail de consommateurs.

Face à ces avantages, comment les infrastructures de recharge évoluent-elles pour répondre aux besoins croissants des utilisateurs de voitures électriques, et quel est l'impact de cette évolution sur l'expérience globale de l'utilisateur ?

5.4. RÉSEAU DE CHARGE ET INFRASTRUCTURE

L'évolution du réseau de charge et de l'infrastructure est un pilier central de l'expérience utilisateur dans l'univers des voitures électriques. Avec la croissance rapide du marché des véhicules électriques, l'importance d'un réseau de charge accessible et fiable devient de plus en plus cruciale.

Le développement de l'infrastructure de recharge répond à un besoin essentiel : rassurer les utilisateurs quant à la possibilité de recharger leurs véhicules facilement, que ce soit pour des trajets quotidiens ou de longue distance. L'expansion des stations de recharge publiques, ainsi que l'augmentation du nombre de bornes de recharge rapide, jouent un rôle majeur dans la réduction de l'anxiété liée à l'autonomie, un obstacle majeur à l'adoption des voitures électriques.

Les initiatives gouvernementales et les partenariats public-privé sont essentiels pour stimuler cette expansion. De nombreux pays ont mis en place des plans ambitieux pour augmenter le nombre de bornes de recharge, en se concentrant sur les zones à forte densité de population et les principaux corridors de transport. Ces efforts visent non seulement à rendre les voitures électriques plus pratiques, mais aussi à encourager leur adoption par une population plus large.

L'innovation technologique joue également un rôle important. Par exemple, l'introduction de solutions de recharge sans fil et de systèmes de recharge ultra-rapide transforme l'expérience de recharge, la rendant plus pratique et moins chronophage. De telles innovations pourraient révolutionner la façon dont nous pensons la recharge des véhicules électriques, en la rendant aussi simple que de se garer.

Un autre aspect crucial est la standardisation des connecteurs de recharge et des protocoles de communication entre les véhicules électriques et les bornes de recharge. Une standardisation réussie facilitera une expérience de recharge homogène, indépendamment de la marque ou du modèle du véhicule.

Enfin, l'adoption croissante de solutions de recharge à domicile offre une commodité supplémentaire, permettant aux utilisateurs de recharger leur véhicule pendant la nuit. Cela nécessite cependant que les infrastructures électriques résidentielles soient adaptées et parfois mises à niveau, ce qui représente un défi en termes de coût et de faisabilité dans certaines régions.

L'expansion et l'amélioration du réseau de recharge sont donc essentielles pour soutenir la croissance continue du marché des véhicules électriques. Une infrastructure de recharge robuste et bien développée est la clé pour une intégration réussie des voitures électriques dans la vie quotidienne des consommateurs.

5.5. APPLICATIONS ET CONNECTIVITÉ

Dans le contexte des voitures électriques, l'utilisation d'applications et la connectivité offrent une dimension supplémentaire à l'expérience utilisateur. Ces technologies modernes jouent un rôle crucial dans la gestion quotidienne du véhicule et dans l'amélioration de l'expérience de conduite.

Les applications dédiées aux véhicules électriques fournissent des informations essentielles telles que l'autonomie restante, l'emplacement des stations de recharge à proximité, et même le contrôle à distance de certaines fonctionnalités du véhicule, comme le préchauffage ou le prérefroidissement de l'habitacle. Ces applications rendent l'utilisation d'une voiture électrique plus pratique et plus intuitive, contribuant à une transition en douceur pour les nouveaux utilisateurs venant de voitures à combustion.

La connectivité des véhicules joue également un rôle majeur dans la navigation et la planification des trajets. En intégrant des données en temps réel sur le trafic, la météo, et l'état des stations de recharge, les systèmes de navigation peuvent optimiser les itinéraires pour maximiser l'efficacité et minimiser le temps de recharge. Cela réduit l'anxiété liée à l'autonomie et rend les longs trajets plus réalisables.

De plus, avec l'avancée de l'Internet des Objets (IoT), les voitures électriques sont de plus en plus intégrées dans l'écosystème numérique global des utilisateurs. Cela permet une synchronisation avec d'autres appareils intelligents, offrant des fonctionnalités telles que la gestion de l'énergie domestique, le contrôle vocal via des assistants intelligents, et la personnalisation des préférences de conduite.

La connectivité joue également un rôle important dans la maintenance et la mise à jour des véhicules électriques. Les mises à jour logicielles à distance peuvent améliorer les performances du véhicule, ajouter de nouvelles fonctionnalités, et résoudre les problèmes sans nécessiter de visite au garage. Cette capacité à évoluer constamment prolonge la durée de vie du véhicule et améliore l'expérience utilisateur sur le long terme.

Enfin, la sécurité et la confidentialité des données sont des considérations essentielles dans le développement de ces technologies. Avec l'augmentation de la connectivité, les fabricants doivent assurer la protection des données personnelles des utilisateurs et la sécurité des véhicules contre les cyberattaques.

En résumé, les applications et la connectivité enrichissent l'expérience de possession et d'utilisation des voitures électriques. Elles apportent confort, commodité, et une touche de modernité qui est en adéquation avec les attentes des consommateurs du 21ème siècle.

Alors que la technologie continue de progresser, comment l'intégration croissante de l'IA et des fonctionnalités connectées façonnera-t-elle l'avenir de l'expérience de conduite des véhicules électriques ?

5.6. SÉCURITÉ ET TESTS

La sécurité des voitures électriques est un sujet de préoccupation majeure pour les consommateurs et les fabricants. Cette inquiétude est liée non seulement à la sécurité routière traditionnelle, mais aussi aux spécificités des technologies électriques. Les tests rigoureux et les normes élevées de sécurité sont donc indispensables pour rassurer les utilisateurs et promouvoir l'adoption des véhicules électriques.

Les véhicules électriques doivent passer une série de tests de sécurité rigoureux avant d'être approuvés pour la vente. Ces tests comprennent des crash-tests, des évaluations de la stabilité et de la maniabilité, ainsi que des contrôles spécifiques aux composants électriques, comme les batteries. Ces batteries, souvent au lithium-ion, doivent être testées pour leur résistance aux chocs, aux températures extrêmes, et à d'autres conditions stressantes pour prévenir les risques d'incendie ou d'explosion.

En outre, la sécurité active et passive est une priorité. Les systèmes de sécurité active, comme l'assistance au freinage d'urgence, la détection des piétons et les systèmes d'avertissement de sortie de voie, jouent un rôle crucial dans la prévention des accidents. La sécurité passive, comprenant les ceintures de sécurité, les coussins gonflables, et la conception de la carrosserie pour absorber l'impact, est tout aussi importante en cas d'accident.

L'intégration de l'intelligence artificielle et de la technologie de conduite autonome soulève de nouvelles questions de sécurité. Bien que ces technologies promettent de réduire les accidents causés par l'erreur humaine, elles nécessitent des protocoles de test rigoureux pour s'assurer qu'elles répondent à des normes de sécurité strictes. Les défis incluent la garantie du bon fonctionnement des systèmes dans diverses conditions et leur capacité à prendre des décisions sécuritaires en cas d'imprévus sur la route.

Les autorités réglementaires jouent un rôle crucial dans l'établissement de normes de sécurité pour les véhicules électriques. Ces normes évoluent constamment pour s'adapter aux nouvelles technologies et aux résultats des tests en cours. La collaboration entre les fabricants, les organismes de réglementation et les instituts de recherche est essentielle pour développer des normes de sécurité qui évoluent avec la technologie.

Les consommateurs jouent également un rôle dans la sécurité des véhicules électriques. La compréhension des caractéristiques spécifiques des véhicules électriques, comme le freinage régénératif ou la réactivité du moteur électrique, est importante pour une conduite sûre. Les programmes de sensibilisation et de formation peuvent aider les conducteurs à s'adapter à ces nouvelles expériences de conduite.

En conclusion, la sécurité est un aspect fondamental de l'expérience utilisateur dans le domaine des voitures électriques. Des tests rigoureux, des normes élevées de sécurité, et l'éducation des conducteurs sont essentiels pour garantir la sécurité et la confiance dans cette technologie en évolution.

Face à ces défis, comment les futures innovations technologiques et les normes de sécurité évolueront-elles pour assurer une expérience de conduite électrique encore plus sûre ?

5.7. PERSPECTIVES D'AVENIR : VERS UNE NOUVELLE CULTURE AUTOMOBILE

L'avènement des voitures électriques n'est pas seulement une révolution technologique ; il marque également l'émergence d'une nouvelle culture automobile. Cette transformation s'étend au-delà des aspects techniques pour toucher les comportements, les perceptions et les attentes des utilisateurs. Envisager l'avenir de la mobilité électrique, c'est aussi imaginer comment cette nouvelle culture va se développer et influencer notre société.

La culture automobile traditionnelle, centrée sur les moteurs à combustion, la performance et le ronronnement caractéristique des moteurs, évolue vers une approche plus silencieuse, plus propre et plus connectée. Le silence et la puissance instantanée des moteurs électriques offrent une expérience de conduite différente, qui séduit un nombre croissant d'adeptes. Cette transition est accompagnée d'un changement dans la perception de la voiture, qui devient non seulement un moyen de transport, mais aussi une extension de l'espace personnel numérique et un symbole de responsabilité environnementale.

L'adoption de véhicules électriques est également influencée par les avancées dans les technologies de connectivité et d'intelligence artificielle. L'intégration des smartphones, la connectivité permanente et les fonctionnalités avancées de conduite assistée transforment la voiture en un espace interactif et intelligent. Ces fonctionnalités offrent non seulement plus de confort et de sécurité, mais changent aussi la manière dont les conducteurs interagissent avec leurs véhicules et leur environnement.

En parallèle, l'émergence d'une conscience écologique influence les choix des consommateurs. La voiture électrique est de plus en plus perçue comme une déclaration d'engagement envers un avenir durable. Cela se reflète dans les stratégies marketing des constructeurs, qui mettent l'accent sur la durabilité et l'innovation écologique.

La culture automobile de demain sera également façonnée par les évolutions des infrastructures de recharge. Le développement d'un réseau de recharge dense et accessible est crucial pour l'adoption à grande échelle des véhicules électriques. L'avenir verra probablement une intégration plus poussée des infrastructures de recharge dans les espaces publics et privés, rendant la recharge aussi routinière que de charger un smartphone.

Enfin, le futur de la culture automobile sera marqué par l'évolution des politiques publiques et des normes sociales. Les incitations gouvernementales, les réglementations environnementales et la sensibilisation du public joueront un rôle clé dans la promotion des voitures électriques. De même, la normalisation de la conduite électrique dans la culture populaire, les médias et l'éducation influencera la perception et l'acceptation de cette technologie.

Dans ce contexte en constante évolution, comment les innovations futures façonneront-elles l'expérience de conduite et l'interaction avec les véhicules électriques ? Comment les constructeurs et les gouvernements répondront-ils aux attentes changeantes des consommateurs pour construire une culture automobile durable et connectée ?

CHAPITRE 6
(EN BREF) : DÉFIS ET CONTROVERSES

6.1. LIMITES TECHNOLOGIQUES ACTUELLES

Malgré les avancées significatives dans la technologie des véhicules électriques, plusieurs défis technologiques subsistent. Ces limites, souvent au cœur des controverses, impactent l'adoption et l'efficacité des véhicules électriques. L'un des défis majeurs est la capacité et la durabilité des batteries. Malgré les progrès, les batteries actuelles sont encore loin de fournir la même autonomie qu'un plein d'essence. De plus, la durée de vie limitée des batteries et le temps de recharge relativement long restent des préoccupations majeures pour les consommateurs.

Un autre enjeu technique concerne l'infrastructure de recharge. Bien que le réseau de stations de recharge s'étende, il reste insuffisant en comparaison avec les stations-service traditionnelles. Cette inégalité d'accès crée des "déserts de recharge", surtout dans les régions rurales ou moins développées, rendant l'utilisation de véhicules électriques moins pratique dans certaines zones.

Les performances des véhicules électriques dans des conditions climatiques extrêmes constituent également un défi. Les basses températures peuvent réduire significativement l'autonomie des batteries, tandis que les températures élevées peuvent les endommager ou réduire leur efficacité. L'industrie doit donc continuer à développer des technologies de batteries plus robustes et adaptatives.

En outre, les véhicules électriques doivent encore surmonter des défis en matière de poids et de coût. Les batteries sont lourdes, ce qui peut affecter la performance et l'efficacité énergétique du véhicule. De plus, le coût élevé des batteries contribue à un prix d'achat plus élevé pour les véhicules électriques par rapport à leurs homologues à essence, bien que ce coût diminue progressivement.

Face à ces défis technologiques, comment les constructeurs et les chercheurs peuvent-ils innover pour rendre les véhicules électriques plus accessibles, fiables et pratiques ? Quelles seront les prochaines étapes clés pour surmonter ces barrières technologiques et favoriser une adoption plus large des véhicules électriques ?

6.2. QUESTIONS D'ACCESSIBILITÉ ET DE COÛT

L'accessibilité et le coût des véhicules électriques (VE) demeurent des sujets de débat intense. Bien que les prix aient diminué ces dernières années grâce aux avancées technologiques et à la production en masse, les VE restent généralement plus coûteux à l'achat que leurs équivalents à essence. Cette différence de coût peut être un frein majeur pour de nombreux consommateurs, en particulier dans les économies en développement où le prix est un facteur décisif.

En plus du coût initial élevé, l'accessibilité à la technologie des VE pose question. Cela inclut non seulement l'accès aux véhicules eux-mêmes, mais aussi à l'infrastructure de recharge nécessaire. Dans de nombreuses régions, particulièrement en dehors des grands centres urbains, les stations de recharge sont peu nombreuses, rendant les VE moins pratiques pour une utilisation quotidienne. Cette disparité crée une fracture technologique, où seules certaines parties de la population peuvent réellement envisager l'achat d'un VE.

Un autre aspect de l'accessibilité concerne la technologie elle-même. Les VE nécessitent une certaine familiarité avec les technologies numériques et de recharge, ce qui peut être un obstacle pour les personnes moins à l'aise avec ces technologies. De plus, le manque de standardisation dans les systèmes de recharge peut entraîner de la confusion et de l'hésitation chez les acheteurs potentiels.

Pour résoudre ces problèmes, plusieurs mesures sont envisageables. Les subventions gouvernementales et les incitations fiscales peuvent aider à réduire le coût initial des VE. De plus, l'investissement dans l'infrastructure de recharge, notamment dans les zones rurales et moins développées, est crucial pour rendre les VE aussi pratiques que les voitures traditionnelles. Enfin, des campagnes éducatives pourraient aider à démystifier la technologie des VE et encourager une adoption plus large.

CHAPITRE 7 : FUTUR ET INNOVATION

7.1. PROGRÈS TECHNOLOGIQUES IMMINENTS

Les progrès technologiques dans le domaine des véhicules électriques s'annoncent fulgurants et prometteurs. À l'horizon se dessinent des innovations qui pourraient révolutionner non seulement la performance et l'efficacité des véhicules électriques, mais aussi leur intégration dans nos vies quotidiennes. Ces avancées sont guidées par des recherches incessantes visant à améliorer les batteries, les moteurs électriques, ainsi que les systèmes de charge.

Une des innovations majeures attendues est l'amélioration substantielle des batteries. On parle ici d'une augmentation de leur capacité, de leur durée de vie, et de leur vitesse de recharge. Des recherches prometteuses se concentrent sur les batteries à l'état solide, qui offrent une densité énergétique plus élevée et une meilleure sécurité que les batteries lithium-ion actuelles. Ces batteries pourraient réduire considérablement le temps de recharge et augmenter l'autonomie des véhicules, rendant les longs trajets en voiture électrique aussi pratiques qu'avec un véhicule à essence.

En parallèle, les moteurs électriques deviennent plus efficaces et plus puissants. Les prochaines générations de moteurs pourraient offrir une meilleure réponse, une plus grande efficacité énergétique et une réduction du poids total du véhicule. Ces améliorations auront un impact direct sur les performances des véhicules, en augmentant à la fois leur vitesse et leur autonomie.

Un autre domaine d'innovation concerne les systèmes de charge. L'avenir pourrait voir le déploiement de solutions de recharge plus rapides et plus accessibles, y compris des options de recharge sans fil. L'intégration de technologies telles que la recharge par induction dans les infrastructures urbaines pourrait permettre une recharge continue lors des déplacements, réduisant ainsi le besoin de s'arrêter pour recharger.

Ces avancées technologiques ne sont pas seulement importantes pour les performances et la commodité; elles sont également essentielles pour rendre les véhicules électriques plus abordables et accessibles au grand public. À mesure que ces technologies mûrissent et que leur coût diminue, elles deviendront une option viable pour un plus grand nombre de personnes, accélérant ainsi la transition mondiale vers des modes de transport plus durables.

Quels sont les défis que doivent encore relever les chercheurs et les ingénieurs pour réaliser ces innovations ? Comment ces avancées technologiques pourraient-elles transformer notre manière de voir et d'utiliser les véhicules dans notre vie quotidienne ?

7.2. VISION DES CONSTRUCTEURS POUR L'AVENIR

Dans le futur, les constructeurs de véhicules électriques envisagent un monde où ces derniers ne seront pas seulement un moyen de transport, mais un élément clé de l'écosystème énergétique global. Cette vision repose sur l'intégration de technologies avancées et de concepts innovants qui dépassent largement la simple électrification des moyens de transport.

Une composante essentielle de cette vision est le concept de "véhicules connectés". Les constructeurs travaillent sur des véhicules qui communiquent non seulement avec l'infrastructure routière, mais aussi avec les réseaux électriques, les bâtiments et d'autres véhicules. Cette interconnectivité favorisera une mobilité plus intelligente et plus efficace, permettant par exemple de réduire les embouteillages et d'optimiser la consommation d'énergie.

Les constructeurs explorent également le potentiel des véhicules comme stockage d'énergie mobile. Dans un futur proche, les voitures électriques pourraient servir de batteries géantes sur roues, stockant l'énergie renouvelable lorsqu'elle est abondante et la redistribuant lorsqu'elle est nécessaire. Cette approche transformerait les véhicules électriques en acteurs clés de la gestion énergétique, contribuant à stabiliser les réseaux électriques et à promouvoir l'utilisation des énergies renouvelables.

La durabilité est un autre aspect crucial de la vision future des constructeurs. Ils s'efforcent de rendre les véhicules électriques plus durables, non seulement en termes de performances et d'efficacité, mais aussi en ce qui concerne leur cycle de vie complet. Cela inclut l'utilisation de matériaux recyclés et recyclables, la réduction de l'empreinte carbone lors de la production et l'amélioration des méthodes de recyclage des batteries en fin de vie.

Enfin, la vision des constructeurs pour l'avenir des véhicules électriques va au-delà de la technologie et s'attache à transformer l'expérience utilisateur. Ils imaginent des véhicules qui seront non seulement des moyens de transport, mais également des espaces de vie, de travail et de divertissement. Avec l'avènement de la conduite autonome, les véhicules pourraient devenir des extensions de nos maisons et bureaux, offrant de nouveaux espaces pour interagir, travailler ou se détendre.

*Comment cette vision des véhicules électriques transformera-t-elle notre rapport à la mobilité ? Qu

els changements sociétaux pourraient accompagner l'adoption de ces technologies avancées dans notre quotidien ?*

Les implications de cette vision futuriste des véhicules électriques sont vastes et transformatrices. En devenant des centres de connectivité mobiles, les voitures électriques pourraient redéfinir la manière dont nous planifions nos villes et gérons nos ressources énergétiques. Elles pourraient faciliter une transition plus harmonieuse vers des villes intelligentes, où la circulation des informations et des ressources est optimisée pour une efficacité et une durabilité maximales.

La transformation de la voiture en espace de vie polyvalent pourrait également modifier notre conception de la mobilité. Au lieu de simplement se déplacer d'un point A à un point B, le trajet pourrait devenir une extension de notre espace personnel ou professionnel. Cette évolution pourrait également influencer l'aménagement urbain, avec une réduction potentielle de la nécessité de parkings en centre-ville, au profit d'espaces verts ou de zones communautaires.

Sur le plan social, l'accès accru à une mobilité propre et abordable pourrait contribuer à réduire les inégalités de déplacement, en particulier dans les zones mal desservies par les transports publics. Par ailleurs, l'intégration des véhicules électriques dans les réseaux énergétiques pourrait jouer un rôle clé dans la lutte contre le changement climatique, en favorisant une utilisation plus efficace des énergies renouvelables.

En conclusion, l'avenir des véhicules électriques, tel qu'imaginé par les constructeurs, va bien au-delà de simples améliorations techniques. Il s'agit d'une réinvention complète de la voiture en tant qu'élément intégral de notre environnement urbain, social et énergétique. *Comment ces avancées influenceront-elles notre quotidien et quelles nouvelles opportunités pourraient-elles créer pour les générations futures ?*

7.3. RÔLE DES GOUVERNEMENTS ET DES ORGANISMES INTERNATIONAUX

Dans la transition vers une mobilité électrique durable, le rôle des gouvernements et des organismes internationaux est fondamental. Ces entités ont la capacité de façonner le paysage réglementaire, d'encourager l'innovation et d'assurer une adoption équitable des technologies de mobilité électrique.

Les gouvernements, par leur politique de subventions et de réglementations, peuvent stimuler le marché des véhicules électriques. Les incitations fiscales, les crédits d'impôt et les subventions directes pour l'achat de véhicules électriques sont des exemples d'outils utilisés pour encourager les consommateurs à opter pour des options plus écologiques. En parallèle, l'investissement dans l'infrastructure de recharge est crucial pour répondre aux besoins des utilisateurs de véhicules électriques et pour dissiper les inquiétudes concernant l'autonomie des véhicules.

Les organismes internationaux, tels que les Nations Unies ou l'Union Européenne, jouent un rôle clé dans la coordination des efforts à l'échelle mondiale. Ils peuvent établir des normes globales pour les émissions, la sécurité des batteries et les technologies de recharge. En outre, ces organismes peuvent faciliter le partage des meilleures pratiques et des technologies entre les pays, aidant ainsi à accélérer le passage à une mobilité électrique à l'échelle mondiale.

Un autre aspect crucial est la réglementation environnementale. Les gouvernements peuvent imposer des normes strictes en matière d'émissions pour encourager l'adoption de véhicules électriques. Cela peut inclure la mise en place de zones à faibles émissions dans les villes, où seuls les véhicules électriques ou à faibles émissions sont autorisés.

En outre, les gouvernements et les organismes internationaux peuvent jouer un rôle majeur dans la recherche et le développement. En finançant des programmes de recherche sur les batteries de nouvelle génération, les matériaux durables et les technologies de recharge avancées, ils peuvent aider à surmonter certains des plus grands obstacles technologiques auxquels le secteur est confronté.

Enfin, ces entités ont un rôle à jouer dans l'éducation et la sensibilisation du public. En informant les consommateurs sur les avantages

des véhicules électriques et en démystifiant les idées fausses, les gouvernements et les organismes internationaux peuvent accroître l'acceptation et l'adoption de ces technologies.

Un exemple frappant de l'impact gouvernemental est le plan de relance de l'Union Européenne visant à stimuler les économies post-COVID-19, qui comprend des investissements substantiels dans les technologies vertes, y compris les véhicules électriques. De telles initiatives montrent comment les politiques peuvent accélérer le passage à une mobilité plus propre et plus durable.

Les gouvernements peuvent également encourager la recherche et le développement de batteries plus efficaces et plus respectueuses de l'environnement. Par exemple, le soutien à la recherche sur les batteries à l'état solide ou les technologies de recyclage des batteries peut aider à résoudre les problèmes d'autonomie et d'impact environnemental.

Au niveau international, des accords tels que l'Accord de Paris sur le climat créent un cadre pour les nations pour réduire leurs émissions de carbone. Ces accords peuvent inciter les gouvernements à adopter des politiques favorables aux véhicules électriques pour atteindre les objectifs d'émissions.

L'éducation et la formation sont également essentielles. Les gouvernements peuvent investir dans des programmes éducatifs pour former des ingénieurs, des techniciens et des professionnels qualifiés dans le domaine des véhicules électriques, assurant ainsi une main-d'œuvre compétente pour soutenir cette industrie en croissance.

Pour conclure, le rôle des gouvernements et des organismes internationaux dans la transition vers des véhicules électriques est multifacette et essentiel. Ils ne se contentent pas de créer un environnement réglementaire et fiscal propice, mais jouent également un rôle de premier plan dans la recherche et le développement, l'éducation et la formation, et la sensibilisation du public à cette technologie. *Comment ces politiques pourraient-elles être améliorées pour accélérer encore davantage l'adoption des véhicules électriques ?*

7.4. VOITURES ÉLECTRIQUES ET VILLES INTELLIGENTES

L'intersection entre les voitures électriques et les villes intelligentes représente un avenir où la technologie, l'urbanisme et l'écologie convergent pour créer des environnements urbains plus durables et plus agréables à vivre. Dans ce contexte, les voitures électriques ne sont pas simplement des moyens de transport à faibles émissions, mais des composantes intégrales d'un écosystème urbain connecté et intelligent.

Les villes intelligentes, équipées de capteurs, de connectivité internet et d'intelligence artificielle, peuvent optimiser la gestion du trafic, réduire la congestion et améliorer la qualité de l'air. Les voitures électriques dans ces villes ne se limitent pas à être des véhicules propres ; elles deviennent des nœuds dans un réseau urbain vaste, communiquant des informations en temps réel sur le trafic, le stationnement, et l'état des routes.

Une caractéristique clé des villes intelligentes est leur capacité à intégrer différents modes de transport dans un système cohérent. Les voitures électriques peuvent s'insérer dans ce système comme des options de mobilité partagée, réduisant ainsi le besoin de posséder une voiture personnelle. La disponibilité de véhicules électriques en libre-service peut encourager les citoyens à opter pour des moyens de transport plus écologiques.

La recharge des véhicules électriques dans les villes intelligentes peut également être optimisée. Par exemple, l'utilisation de lampadaires intelligents équipés de bornes de recharge ou l'installation de panneaux solaires sur les toits des parkings peut augmenter l'accessibilité et l'efficacité de la recharge tout en intégrant les énergies renouvelables.

La collecte de données par les véhicules électriques et leur analyse par les systèmes de gestion des villes intelligentes peuvent également améliorer la planification urbaine. Les données sur les habitudes de déplacement des citoyens peuvent aider à concevoir des villes plus conviviales, avec des espaces mieux adaptés aux besoins des résidents.

En conclusion, les voitures électriques dans les villes intelligentes ne sont pas seulement un pas vers la réduction des émissions, mais aussi vers une transformation urbaine plus large. Cette synergie entre mobilité électrique et urbanisme intelligent pourrait redéfinir notre façon de vivre en ville. *Quels défis devons-nous surmonter pour réaliser pleinement ce potentiel ?*

7.5. INTÉGRATION DES ÉNERGIES RENOUVELABLES

L'intégration des énergies renouvelables dans le secteur des voitures électriques est un élément crucial pour atteindre une mobilité véritablement durable. Cette intégration permet non seulement de réduire l'empreinte carbone de ces véhicules, mais aussi de transformer profondément le réseau énergétique et la mobilité urbaine.

L'utilisation d'énergies renouvelables telles que le solaire, l'éolien ou l'hydraulique pour alimenter les stations de recharge des véhicules électriques est une avancée majeure. Elle assure que l'électricité utilisée pour charger les batteries provient de sources propres, réduisant ainsi l'impact environnemental de la recharge des véhicules.

Un développement intéressant est la création de micro-réseaux intégrant des panneaux solaires sur les toits des bâtiments et des parkings. Ces installations peuvent non seulement fournir de l'énergie pour la recharge des voitures électriques, mais aussi alimenter d'autres besoins énergétiques locaux, contribuant à la création de communautés énergétiquement autosuffisantes.

Une autre innovation est l'utilisation de batteries de voiture électrique comme stockage d'énergie pour les réseaux électriques. Les véhicules électriques peuvent stocker l'énergie excédentaire produite par les sources renouvelables pendant les périodes de faible demande et la réinjecter dans le réseau lors des pics de consommation. Ce concept, connu sous le nom de Vehicle-to-Grid (V2G), transforme chaque voiture électrique en un potentiel réservoir d'énergie mobile.

L'intégration des énergies renouvelables dans le domaine des voitures électriques peut également stimuler l'innovation dans les technologies de stockage d'énergie. Les progrès dans les batteries, tels que l'augmentation de la densité énergétique ou la réduction des coûts, sont essentiels pour rendre cette intégration plus efficace et économiquement viable.

Enfin, cette intégration offre des opportunités pour les politiques publiques et les partenariats public-privé. Les gouvernements peuvent encourager l'utilisation des énergies renouvelables dans le transport électrique par des incitations fiscales, des subventions, et des réglementations favorables.

En somme, l'intégration des énergies renouvelables dans le secteur des voitures électriques est un pas en avant vers une mobilité plus propre et une gestion énergétique plus intelligente. Quels sont les défis à relever pour maximiser cette intégration ?

7.6. LE CONSOMMATEUR DE DEMAIN

Le consommateur de demain sera au cœur de la révolution des voitures électriques, jouant un rôle clé dans l'adoption et l'adaptation de cette technologie. Cette évolution s'annonce comme un changement majeur dans les habitudes de consommation et la perception de la mobilité.

Les consommateurs de demain seront plus informés et plus soucieux de l'impact environnemental de leurs choix. Ils rechercheront non seulement l'efficacité énergétique, mais aussi une empreinte carbone réduite et une production durable des véhicules qu'ils choisissent. Cela signifie que les constructeurs devront se concentrer sur la transparence, l'éco-conception et la durabilité pour répondre à ces attentes.

L'expérience utilisateur sera également transformée. Avec l'évolution des technologies, comme les interfaces utilisateurs intuitives, la connectivité améliorée, et les fonctionnalités de conduite autonome, l'expérience de conduite sera plus confortable, sécurisée et personnalisée. Les voitures électriques ne seront plus seulement un moyen de transport, mais des espaces de vie connectés et interactifs.

La flexibilité sera un autre aspect important pour le consommateur de demain. Les solutions de mobilité devront s'adapter aux besoins variés, allant de la possession personnelle à des modèles basés sur le partage et les services. Les modèles d'abonnement ou de location pourraient devenir aussi communs que l'achat traditionnel de véhicules.

La conscience écologique croissante influencera également les décisions d'achat. Les consommateurs privilégieront les marques qui non seulement proposent des voitures électriques, mais qui s'engagent aussi dans des pratiques commerciales durables, comme l'utilisation de matériaux recyclés ou la réduction des émissions dans leurs processus de fabrication.

En outre, l'éducation jouera un rôle crucial. Les consommateurs devront être informés non seulement sur les avantages des voitures électriques, mais aussi sur leur utilisation, leur entretien, et les infrastructures de recharge. Les initiatives d'éducation et de sensibilisation seront essentielles pour faciliter cette transition.

Enfin, la question se pose : comment les industries, les gouvernements et les communautés éducatives peuvent-ils travailler ensemble pour préparer et soutenir le consommateur de demain dans cette transition vers une mobilité électrique et durable ?

7.7. IMAGINER LA MOBILITÉ EN 2050

Envisager la mobilité en 2050, c'est plonger dans un monde où les innovations technologiques et les changements sociétaux ont radicalement transformé la façon dont nous nous déplaçons. Dans ce futur, la mobilité électrique pourrait bien être au cœur de nos déplacements, influençant non seulement notre environnement, mais aussi notre vie quotidienne, nos villes et nos sociétés.

D'ici 2050, les voitures électriques pourraient devenir la norme, grâce à des avancées significatives en matière de technologie des batteries, d'efficacité énergétique et d'intégration de l'intelligence artificielle. Ces véhicules seront probablement autonomes, connectés et intégrés dans un réseau de transport plus large, offrant une expérience de mobilité sans effort, sûre et personnalisée.

Les villes de 2050 pourraient être redessinées autour de cette nouvelle forme de mobilité. Moins de congestion, une meilleure qualité de l'air, des espaces urbains réaménagés libérés des parkings envahissants, et des voies dédiées aux véhicules électriques et aux transports en commun pourraient devenir la nouvelle norme. Cette transformation aiderait à créer des environnements urbains plus vivables, avec plus d'espaces verts et des communautés plus connectées.

La transition vers une mobilité électrique pourrait également influencer la structure socio-économique. Avec la diminution de la dépendance aux combustibles fossiles, de nouvelles industries émergeront, centrées sur les technologies propres et les énergies renouvelables. Cela pourrait entraîner un changement dans les dynamiques de pouvoir économique mondial et ouvrir des opportunités de développement dans des régions actuellement moins influentes dans l'économie mondiale.

L'éducation et la formation joueront un rôle essentiel dans la préparation des générations futures à cette nouvelle ère. Les compétences en science des données, en ingénierie des énergies renouvelables, en conception urbaine durable et en intelligence artificielle seront très demandées. Les programmes éducatifs devront s'adapter pour fournir les compétences nécessaires à la gestion et à la maintenance de ces nouvelles technologies.

La durabilité sera une préoccupation majeure. La mobilité en 2050 devra être non seulement électrique, mais aussi durable. Cela signifie que les voitures électriques devront être alimentées par des énergies renouvelables, et que leur production et recyclage devront respecter des normes écologiques strictes. De plus, la réduction des déchets et la circularité des matériaux joueront un rôle clé dans la fabrication des véhicules.

Les aspects éthiques et sociaux ne seront pas en reste. La question de l'accessibilité à ces technologies avancées sera cruciale. Il sera important de veiller à ce que les avantages de la mobilité électrique soient accessibles à tous, évitant ainsi de créer un fossé numérique et économique plus large.

Enfin, la mobilité en 2050 pourrait redéfinir notre rapport au voyage et à l'espace. Avec des véhicules autonomes et confortables, les trajets quotidiens pourraient devenir des moments de détente, de travail ou de loisirs. Les longs trajets ne seraient plus une contrainte, mais une opportunité d'explorer et de se connecter.

Imaginer la mobilité en 2050 nous amène à réfléchir : comment pouvons-nous façonner dès aujourd'hui un futur où la technologie, l'écologie et l'éthique se conjuguent pour créer un monde plus durable et inclusif ?

CONCLUSION

En parcourant les pages de ce livre, nous avons voyagé à travers l'histoire, la technologie, l'environnement, l'économie, et l'expérience humaine qui se cachent derrière la révolution des voitures électriques. Ce périple, débutant avec les premières étincelles de l'électrification automobile, nous a mené à travers des innovations audacieuses, des défis environnementaux et sociaux, jusqu'aux promesses d'un avenir résolument électrique.

Nous avons vu comment les batteries et les moteurs électriques ont évolué, transformant les capacités et les performances des véhicules. Nous avons découvert l'impact profond de ces véhicules sur l'environnement, réduisant les émissions de carbone tout en posant de nouveaux défis, comme le recyclage des batteries. Les stratégies commerciales, les politiques gouvernementales et les tendances du marché ont révélé un monde en transition rapide, où l'industrie automobile et pétrolière se réinvente.

L'expérience utilisateur, avec ses motivations, ses hésitations, et ses nouvelles attentes, a souligné le changement culturel que ces véhicules apportent. La sécurité, la connectivité et les avancées technologiques comme l'intelligence artificielle et la conduite autonome redéfinissent notre manière de vivre et de nous déplacer.

Les controverses et les défis technologiques, éthiques et sociaux ont illustré que cette transition n'est pas sans embûches. Les questions d'accessibilité, d'impact environnemental et de résistance au changement sont des thèmes centraux dans la conversation mondiale sur la mobilité.

Enfin, notre regard vers l'avenir nous a permis d'imaginer un monde transformé par l'innovation technologique, où les véhicules électriques jouent un rôle clé dans la construction de sociétés plus durables, connectées et responsables.

△△△

Ce livre est une invitation à réfléchir, à s'engager et à participer activement à cette révolution. Les voitures électriques ne sont pas simplement un changement de mode de propulsion ; elles symbolisent un tournant dans notre relation avec la technologie, l'environnement, et les uns avec les autres. Elles sont le miroir de nos valeurs, de nos espoirs et de nos ambitions pour un avenir meilleur.

ÉPILOGUE

Chers lecteurs,

Alors que nous clôturons ce périple à travers l'univers des voitures électriques, j'aimerais vous laisser avec quelques pensées finales. Ce livre a été un voyage fascinant à travers le passé, le présent et l'avenir de la mobilité électrique, un domaine qui continue d'évoluer à un rythme effréné.

Nous avons exploré ensemble les origines de la voiture électrique, découvrant comment de simples concepts ont évolué pour devenir des innovations qui redéfinissent notre façon de voir le transport. Nous avons voyagé à travers le temps, observant l'évolution technologique, l'émergence de nouveaux acteurs clés, et les défis sans cesse renouvelés auxquels l'industrie fait face.

Le futur des voitures électriques, comme nous l'avons envisagé dans les derniers chapitres, est riche en possibilités. Cependant, il est important de se rappeler que ce futur n'est pas gravé dans la pierre. Il est façonné par les décisions, les innovations et les actions de chacun d'entre nous, que ce soit en tant que consommateurs, décideurs ou simples citoyens.

La transition vers une mobilité durable est bien plus qu'une question de technologie ; c'est une transformation culturelle et sociétale. C'est un défi qui nous oblige à repenser nos habitudes, notre infrastructure et notre rapport à l'environnement. Chacun de nous a un rôle à jouer dans cette transition, que ce soit à travers nos choix de consommation, notre engagement civique ou notre curiosité intellectuelle.

En terminant ce livre, je vous encourage à rester informés, à rester curieux et à participer activement à la conversation sur l'avenir de notre mobilité. La voiture électrique n'est pas seulement un moyen de transport ; elle est le symbole d'un avenir où l'innovation et la durabilité vont de pair.

$$\triangle\triangle\triangle$$

Merci de m'avoir accompagné dans cette aventure. L'histoire de la voiture électrique continue, et j'ai hâte de voir ce que les prochaines pages de notre réalité nous réservent.

Avec espoir et anticipation,

Paul Brémond

www.ingramcontent.com/pod-product-compliance
Lightning Source LLC
Chambersburg PA
CBHW070741250726
48662CB00004B/1607